N & K

Roger de Weck

NACH DER KRISE

Gibt es einen anderen Kapitalismus?

Nagel & Kimche

Im Andenken an Claus Noé

8 9 10   13 12 11 10

© 2009 Nagel & Kimche
im Carl Hanser Verlag München
Herstellung: Andrea Mogwitz und Rainald Schwarz
Satz: Satz für Satz. Barbara Reischmann
Druck und Bindung: Friedrich Pustet
ISBN 978-3-312-00454-6
Printed in Germany

INHALT

KAPITALISMUS
ALS RELIGION

Im Nachlass des Philosophen Walter Benjamin fand sich ein Fragment aus dem Jahr 1921, Notizen zu einem unvollendeten Essay. «Im Kapitalismus ist eine Religion zu erblicken, d.h. der Kapitalismus dient essentiell der Befriedigung derselben Sorgen, Qualen, Unruhen, auf die ehemals die sogenannten Religionen Antwort gaben», schrieb Benjamin. Kapitalisten würden den Kult des Zweckmäßigen auf die Spitze treiben; das Nützlichkeitsdenken «gewinnt unter diesem Gesichtspunkt seine religiöse Färbung». Doch handle es sich um eine Religion «ohne Dogma», ganz ohne Theologie, da sich die Gläubigen immer nur an das hielten, was jeweils gerade von Vorteil sei. Einzig und allein die Praxis zähle, es sei «eine reine Kultreligion, vielleicht die extremste, die es je gegeben hat».

Die Jahre 2007 bis 2009 haben den Visionär des Jahres 1921 nicht widerlegt. In der Krise vergaß der Kapitalismus seine drei wirtschaftsliberalen Dogmen – weniger Regeln, weniger Staat, weniger Rücksicht auf Verlierer – so schnell und bedenkenlos, dass im Nachhinein klar wird: Diese Dogmen waren gar keine, lediglich bemäntelten sie nackte Interessen. Die Interessenlage veränderte sich jedoch bei Ausbruch der Finanzkrise schlagartig. Regulierung galt nicht mehr als Strangulierung, der jüngst noch geschmähte Staat war Tag und Nacht gefragt, während die Geldhäuser als Hauptverlierer (und Hauptverursacher) der Krise Schonung erwarteten und erhielten. Der Staat finanzierte das Finanzsystem, die öffentliche Hand löste die unsichtbare Hand des Markts ab. So mutierte der Kasino- zum Staatskapitalismus, der Neoliberalismus mündete unverhofft in den Neoetatismus. Trotz gewaltiger Wirtschafts- und Wertekrise ist bislang aber kein Anbeter des Kapitalismus vom Glauben abgefallen: weil es keinen anderen Glauben gibt. So wie der Atheist unfähig wäre, eine Religion zu begründen, so sind heutige Antikapitalisten in der großen Verlegenheit, das System zu kritisieren, aber kein eigenes zu haben.

«Seit die sozialistische Alternative nicht mehr verfügbar ist, glaubt diese Gesellschaft an den Kapitalismus. Sie glaubt, dass er ihr Schicksal ist. Und sie glaubt, dass er die einzige Chance ist, ihr Schicksal zu gestalten», schrieb der Soziologe Dirk Baecker im Sammelband *Kapitalismus als Religion*, den er 2003 herausgab. Nur vier Jahre später schlug das weitgehend hausgemachte Schicksal zu, und seither wird am Kapitalismus gebastelt. Es ist die Stunde der Ingenieure, die nach der Kernschmelze des Finanzsystems das Kraftwerk sanieren. Also wird da eine undichte Röhre ersetzt, dort eine Leitung umgelegt, hier baut man Ventile ein, links soll eine neue Kontrollstation hin, rechts werden Sicherungen ausgetauscht, hüben ist eine Brandmauer im Bau, drüben ist noch Platz für einen Überlauf-behälter. Der eine Techniker will diesen Hebel betätigen, der andere jenen Hahn abdrehen – ein hektisches Werkeln ohne Ordnungsprinzip.

Allerdings muss sich der Kapitalismus von Grund auf erneuern, um das verspielte Vertrauen wiederzugewinnen. Finanztechnische Anpassungen werden nicht reichen, nötig ist eine umfassende «Reformation» (so wie Martin Luther, Jean Calvin und die anderen Reformatoren einst antraten, das verkommene Christentum umzukrempeln, zu dem es damals auch keine Alternative gab). Mit klügeren Vorschriften über die erforderlichen Eigenmittel der Banken, mit einer Aufsicht über Hedge Fonds und sonstige Berufsspekulanten, mit technokratischen Vorkehrungen ist es nicht getan. Doch hegen viele genau diese Hoffnung: dass der Kapitalismus mit einer leicht revidierten Marktordnung zur Tagesordnung zurückkehren könne. Weiter wie bisher, nur ein bisschen vorsichtiger, weniger prahlerisch, eine Spur anständiger – das ist die Losung derer, die vor der Krise dermaßen viel verdienten, dass sie gar nicht daran denken mögen, sich nach der Krise mit 2,5 statt 25 Prozent Rendite zu begnügen.

«Wodurch überwindet die Bourgeoisie ihre Krisen?», fragte Karl Marx 1848. «Dadurch, dass sie allseitigere und gewaltigere Krisen vorbereitet und die Mittel, den Krisen vorzubeugen, vermindert.» In der Tat ist das jetzt das ungeschriebene *Kapitalistische Manifest*; die Regierungen müssen die Überschuldungskrise durch weitere Verschuldung bewältigen, gar nicht so anders als der in den USA zu 150 Jahren Haft verurteilte Bernie Madoff mit seinem Schneeballsystem.

Das Debakel der Finanzwelt hat ökonomische und mentale Ursachen.

- Einerseits wollten Exportländer wie China, Japan, Deutschland, die Niederlande und die Schweiz unbedingt Überschüsse erzielen, während Amerika nur zu gern auf Pump lebte (wobei es ein Rätsel bleibt, warum europäische Sparapostel die verschwenderischen USA einst als Vorbild hinstellten). Der amerikanische Staat, die privaten Haushalte und die ganze Volkswirtschaft verschuldeten sich unmäßig, bis Mitte 2007 das Vertrauen schwand: das Vertrauen der ausländischen Geldgeber und schlimmer noch das Vertrauen in diese ausländischen Geldgeber, etwa in die deutsche Immobilienbank Hypo Real Estate oder die Schweizer Großbank UBS, die blind den US-Häusermarkt mitfinanziert hatten. Die Schuldenkrise zog Abermilliarden weiterer Staatsschulden nach sich. Anstelle der Bankchefs wurden die Regierungschefs zu Croupiers im Kasino.

- Andererseits galt während dreier Jahrzehnte (von der Wahl Margaret Thatchers zur britischen Premierministerin 1979 bis zum Londoner G-20-Gipfeltreffen, der 2009 das Ende des Ultraliberalismus besiegelte) eine Ideologie des übersteigerten Eigennutzes. Sie legitimierte, noch stärker als einst der Kolonialismus, die schiere Gier. Und da diese Gier bald alle irdischen Dimensionen sprengte, wurde sie virtuell. An der Börse und auf den zügellosen Finanzmärkten siegte die Phantasie über die Substanz. Die besten Adressen verkauften «strukturierte» Phantasieprodukte. Kapitalismus und Kapitalisten entfernten sich nicht nur von der Realwirtschaft, sondern auch von der Realität.

Hinter all dem stand die Mutter aller Deregulierungen, die diese zwei Fehlentwicklungen ermöglichte: Fast alle Behinderungen und Kontrollen der weltweiten Kapitalströme wurden abgeschafft. Das war zunächst ein Segen. Die neue Freiheit des Kapitals, überallhin zu schnellen, wo gute Geschäfte winken, verhalf vor allem China und auch anderen Schwellenländern zu einem Wachstumsschub. Dort gediehen junge Unternehmen und eine Mittelschicht, die zuvor mangels Geld keine Chance gehabt hätten. Der Fluch aber war, dass der Kapitalismus aus dem Lot geriet. Immer mehr Kapital floss in die Spekulation statt in den Auf- und Ausbau von Unternehmen und Volkswirtschaften. Viele Regierungen förderten den Wahnsinn: indem sie die im Kasino erzielten Gewinne nicht länger besteuerten.

Trotz seines Namens lebt der Kapitalismus nicht nur vom «Produktionsfaktor Kapital», wie es im Jargon der Ökonomen heißt, sondern ebenso sehr vom «Produktionsfaktor Arbeit». Um Güter herzustellen oder Dienstleistungen zu erbringen, braucht eine Firma sowohl Mitarbeiter als auch Geld. Sobald die Kontrollen des Kapitalverkehrs wegfielen, wurde das Geld mobiler als die Mitarbeiter. Das beweglich gewordene Kapital strömte nicht nur in Billiglohnländer, sondern auch dorthin, wo es wenig oder gar nicht mehr besteuert wurde. Um Kapitalisten anzulocken, verringerten oder beseitigten etliche Staaten die Steuern aufs Kapital, namentlich die Kapitalgewinn-, Spekulations-, Vermögens- und Erbschaftssteuern. Zudem begünstigten Steueroasen die Steuerflucht. Kapitaleinkünfte wurden je länger, desto massiver entlastet, während der Fiskus die Arbeitseinkommen – also die Löhne und Gehälter, deren Empfänger ja schwerlich ins Ausland ausweichen konnten – verhältnismäßig hoch belastete.

All dies stärkte den Produktionsfaktor Kapital gegenüber dem Produktionsfaktor Arbeit (und beschleunigte den Niedergang der Gewerkschaften). Dreh- und Angelpunkt des Kapitalismus war nicht länger die bodenständige Industrie, sondern die Finanz mit ihren abgehobenen «Masters of the Universe». Und diese Herren der Welt setzten sich für die Rendite aufs eigene Kapital vermessene Ziele: 25 Prozent Erlös pro Jahr, manchmal mehr. «Es ist unmöglich für eine Bank, jedes Jahr auf nachhaltiger Basis eine Rendite auf das eigene Kapital von 25 Prozent zu erwirtschaften. Entweder geht sie zu hohe Risiken ein, oder sie vernachlässigt Investitionen», bilanziert der Industrielle Thomas Schmidheiny, früherer Verwaltungsrat der Credit Suisse. Die viel zu hohe Messlatte veränderte die Volkswirtschaften. Branchen, die zwar solide arbeiten, aber weniger gewinnträchtig sind, mussten unter dem Druck von Banken und «Heuschrecken» profitabler werden. Sparprogramme, die oft an die Substanz gingen, aber die Phantasie der Börsianer beflügelten, waren nicht länger die Ausnahme – sie wurden zur Regel.

Der Kapitalismus verhärtete sich, zumal seit 1989 der äußere Druck ausblieb, für eine einigermaßen ausgeglichene Gesellschaft zu sorgen. Nach dem Mauerfall, dem Wegfall der Sowjetunion und dem Hinfall des real existierenden Sozialismus schwand die Furcht der Oberschicht, dass unzufriedene Bürger «zu den Kommunisten überlaufen» würden. Also durfte die soziale Marktwirtschaft etwas unsozialer werden, erst recht wenn sie sich gegen aufstrebende Schwellenländer behaupten musste, denen der soziale und ökologische Gedanke (noch) fremd war. Der Wettlauf der Staaten um niedrigere Kapital- und Unternehmenssteuern bewirkte ohnehin eine Umverteilung von unten nach oben: von den Arbeitnehmern zu den Kapitalgebern und ihren Topmanagern, die selber auch Kapitalisten werden wollten. Extrem bereicherte sich die oberste Oberschicht. Viele Regierungen hegten und pflegten diese «globale Klasse» (Ralf Dahrendorf). Auch die öffentliche Hand bot Managern und Investoren einen «Bonus» in verschiedener Gestalt: Steuerpauschalen für Superreiche, Steuergeschenke an vielreisende Geschäftsleute (die zum Beispiel, in London wohnhaft, nur für diejenigen Tage Steuern zahlen, die sie in der Stadt verbringen), Steuerrabatte für Hedge-Fonds-Manager, clevere Steuermodelle und weitere Möglichkeiten der Steuervermeidung oder schlicht der -hinterziehung.

Ultraliberale, regelrecht staatsfeindliche Ideologen rechtfertigten den überhandnehmenden Steuerwettbewerb, der ja das Gegenteil eines liberalen Leistungswettbewerbs ist, mit zwei Argumenten.

Erstens: Je weniger der Staat das Kapital besteuere, desto mehr Geld bleibe übrig, welches in Unternehmen investiert werde; das schaffe Arbeitsplätze und Wohlstand. Freilich strömte ein wachsender Teil dieses Gelds in die Spekulation. Die Marktwirtschaft verkam zur Blasenwirtschaft. 1990 platzte in Japan die Immobilienblase, 1997 die Blase der fernöstlichen «Tiger-Staaten» wie Südkorea, 2000 die New-Economy- oder Dotcom-Blase und 2007 die Subprime-Blase der Banken. Zuletzt verirrte sich das überschüssige, allzu billig gewordene Geld in den Bau von Einfamilienhäusern, deren amerikanische «Eigentümer» nicht einen Cent eigenes Kapital hatten.

Zweitens: Der Staat sei ein großer Geldverschwender; es sei gesund, ihn knapp bei Kasse zu halten, sagten Ultraliberale (und sagen es noch immer, obwohl sich die Finanzwelt als krassere Geldverschwenderin erwiesen hat). Jedenfalls sorge der Steuerwettbewerb dafür, dass die öffentliche Hand nicht aus dem Vollen schöpfe, sondern haushalten müsse, lautet ihre Theorie. Doch in der Praxis – im real existierenden Kapitalismus – kamen neue Kosten auf den Staat zu, und auch die Globalisierung bürdete ihm zusätzliche Aufgaben auf.

Weil der weltweite Wettbewerb unerbittlich wurde, mussten sich unzählige Unternehmen «verschlanken». Sie entließen nach und nach ihre weniger produktiven Mitarbeiter, die nicht selten bei der Arbeitslosenversicherung oder später bei der Sozialhilfe landeten. Um die Wettbewerbskraft der eigenen Volkswirtschaft im globalen Kräftemessen zu erhalten, sollte der überforderte Staat außerdem die Infrastruktur modernisieren, das Bildungswesen ausbauen, die Forschung stärker fördern. Unsummen verschlingt bis heute das politische Pendant zur Globalisierung der Märkte, nämlich der amerikanische Wille zu globaler Vorherrschaft: ruinös die Kriege im Nahen und Mittleren Osten und die Doktrin, wonach die US-Streitkräfte stärker sein sollen als alle anderen Armeen der Welt zusammen. Mit der Globalisierung geht eine neue Welle von Zuwanderern einher, deren Integration aufwendig bleibt. Noch kostenträchtiger sind ganz andere Entwicklungen der Gesellschaft, namentlich ihre Alterung, die Fortschritte der Medizin und der Boom der Gesundheitsversorgung. Schon vor der Krise brauchten und verbrauchten westliche Staaten nicht weniger, sondern tendenziell mehr Geld. Das bestärkte die Ultraliberalen in ihrer Staatsfeindlichkeit und in ihrem Willen, den internationalen Steuerwettbewerb anzuheizen – um den bösen Stiefvater Staat auszuzehren. Der Vorsitzende der Schweizer Privatbankiers, Konrad Hummler, sagte es rundheraus: «Ein Glaubensbekenntnis von mir ist, dass jeder Franken, der am Staat vorbeigeht, ein gut eingesetzter Franken ist, weil er weniger Schaden anrichtet.»

Der Kampf gegen Staatsdefizite beherrschte lang die europäische Debatte. Und jetzt? In Deutschland meint die schwarz-gelbe Bundesregierung, der nun wirklich hochdefizitär gewordene Staat, dem die Finanzwelt Riesenschulden und eine bleierne Wirtschaftskrise aufbürdete, solle unverdrossen die Steuern senken, um die Konjunktur anzukurbeln. Im Finanzknotenpunkt Zürich – seit den

1970er Jahren die Avantgarde des Ultraliberalismus – will die bürgerliche Mehrheit mitten in der Krise die Steuersätze für Spitzenverdiener verringern. Ob es gutgeht oder sehr schlecht, immer findet sich eine Rechtfertigung für das Allheilmittel Steuerabbau. Doch wer wird eines Tages die Riesenschulden abtragen? Vorwiegend die Arbeitnehmer. Dabei müssten die Vermögenden ihren angemessenen Beitrag leisten. Das geht aber nur, wenn die Steuern auf das Kapital wieder erhöht beziehungsweise wieder eingeführt werden (was internationale Absprachen zur Mäßigung des Steuerwettbewerbs voraussetzt). Sonst wird die Schar der Lohnempfänger die Zeche zahlen.

Die breite Mittelschicht wird die Kosten der Krise tragen, solange sich der Staat mehr und mehr aus den Arbeitseinkünften finanziert und ohnehin die Abgaben auf die Arbeit laufend erhöhen muss: die Sozialabgaben. Die Wirtschaftskrise trägt dazu bei, Sozialversicherungen weiter auszuhöhlen. Mehr Lohnprozente für schlechtere Leistungen der Arbeitslosen-, Renten- und erst recht der Krankenkassen – das war schon vor dem Krach die Tendenz, jetzt verstärkt sie sich.

Wenn zusehends die Arbeitnehmer das Gemeinwesen finanzieren, während der Staat einen beträchtlichen Teil der Verluste von Kapitalgebern sozialisiert, dann hinkt der Kapitalismus. Das Gleichgewicht zwischen Arbeit und Kapital ist nicht nur ein soziales Gebot, sondern vor allem ein ökonomisches: Wird – wie heute – der eine Produktionsfaktor gegenüber dem anderen systematisch privilegiert, geraten Volkswirtschaft und Gesellschaft in Schieflage. Angestellte und Arbeiter ziehen auch dann den Kürzeren, wenn nach der Schuldenkrise der Abbau der «Krisenschulden» über eine hohe Inflation erfolgt und die Geldentwertung ihre Ersparnisse, ihre Pensionen dezimiert. Fährt der Kapitalismus fort, das Kapital zu bevorzugen und die Arbeit zu benachteiligen, wird er wirtschaftlich und politisch noch anfälliger. Die Krise des Kapitals kann kapitale Staatskrisen hervorrufen.

FAZIT 1
Ein ausgewogener Kapitalismus braucht
- Mechanismen der Mäßigung von Gier;
- ein besseres Gleichgewicht zwischen Kapital und Arbeit und namentlich den Abbau steuerlicher Privilegien für das Kapital;
- Schranken für den Steuerwettbewerb, der mittelfristig die Staaten auszehrt;
- eine Abkehr vom Defizitdenken in den Vereinigten Staaten und – weil per Definition die Defizite der einen die Überschüsse der anderen ausmachen – ein Ende der trügerischen Sucht nach Überschüssen in Asien und Europa.

MARKT IST MACHT

Ist der Kapitalismus eine Religion, war der Markt bis vor kurzem unfehlbar wie der Papst. Erst jetzt gestehen ultraliberale Vordenker ein, was sie jahrzehntelang verdrängt oder selten thematisiert hatten: dass dieser Markt nicht alles richtet. Wobei sie ihm gegenüber Milde walten lassen. Hingegen verachten sie den Staat, der ebenso wenig alles richten wird, aber den Kollaps des Bankensystems und eine noch tiefere Weltwirtschaftskrise fürs Erste abgewendet hat. Selten wurde ein Nothelfer dermaßen gescholten.

Wirtschaftsliberale, die sonst die Eigenverantwortung des Individuums – und allen voran des Managers – hochhalten, schreiben dem Staat Fremdverantwortung an der Krise zu. Er habe die Finanzwelt falsch reguliert und schlecht beaufsichtigt. Die amerikanische Notenbank Federal Reserve System (kurz «Fed») habe zu viel und zu billiges Geld in die Märkte gepumpt. Sie habe jedes Mal, wenn eine Blase platzte, die Geldschleusen geöffnet und auf diese Weise die Verluste minimiert, weswegen sich die Spekulanten in Sicherheit wiegten und umso dreister zockten. Demagogische Volksvertreter in Washington hätten um jeden Preis das private Wohneigentum gefördert, was

Exzesse am Immobilienmarkt ermöglicht habe. Politiker seien unfähig, ihrer Wählerschaft Opfer zuzumuten. Sie könnten es sich «nicht erlauben, dass es dem Bürger schlechter geht», schrieb ein Kritiker des Wohlfahrtsstaats.

Diejenigen, die dem Aberglauben an den Markt erlegen waren, warnen nun vor dem Glauben an den Staat – und dies nicht einmal zu Unrecht. Staat und Markt, beide können richtig liegen, beide sind aber auch fehlbar. Fruchtlos ist das Eindreschen der einen auf den Staat und der anderen auf den Markt, zumal öffentliche Hand und private Wirtschaft eine Symbiose bilden. Markt gegen Staat – auf dem Hintergrund der Krise ist das ein verjährter Streit. Heute geht es, anspruchsvoller, ums richtige Zusammenspiel von Staat und Markt in einer seit eh und je gemischten Wirtschaft.

Die Finanzmärkte sind vollends auf den Staat angewiesen. Schon in früheren Finanzkrisen musste dieser – in Gestalt der Notenbanken und des Internationalen Währungsfonds IWF – einspringen.

- Nicht nur Großbanken genießen eine Staatsgarantie, sondern auch alle Kernkraftwerke, deren Höchstrisiko kein privater Versicherer zu schultern wagt.
- Auf weiten Teilen des Pharmamarkts sind Angebot und Nachfrage gleichzusetzen: Kommt ein besseres Heilmittel heraus, wird es sozusagen automatisch erworben, weswegen der Staat Preise und Tarife regelt.
- Ohne staatliche oder halbstaatliche Krankenkassen, ohne Schulen und Hochschulen, Forschungsprogramme und

Raumfahrtagenturen, ohne öffentlichen Verkehr und Infrastruktur kann die private Wirtschaft nicht gedeihen, die Baubranche am wenigsten.

- Auf dem Markt für Rüstungsgüter ist das Spiel von Angebot und Nachfrage gänzlich politisiert; Minister wirken als Handelsvertreter der Rüstungsfirmen, zum Marketing gehören Gegengeschäfte von Regierung zu Regierung.
- Und ein Teil der Landwirtschaft, auf die keine westliche Nation verzichten würde, überlebt ohnehin nur dank staatlichen Schutzes.

Allseits vermengen sich Markt und Staat. Beide sind derart aufeinander angewiesen, dass neben Kapital und Arbeit auch der Staat als «Produktionsfaktor» gelten müsste, wie es in der Fachsprache der Ökonomen heißt: als elementare Voraussetzung kapitalistischer Wirtschaft. Die staatlichen Gewalten garantieren das Privateigentum. Sicherheit, Ordnung und eine berechenbare Politik tragen wesentlich zur Wettbewerbskraft eines Lands bei. Ohne Staat kein Kapitalismus – das ist die real existierende Markt- und Machtwirtschaft. Es gibt keine andere.

Aber es gab, bis vor kurzem, die Marktutopie. Warum haben so viele Zeitgenossen den Staat verteufelt und den Markt wie eine Gottheit verehrt?

Triebfeder der Marktwirtschaft ist im Grund der Plan. Die in kommunistischen Ländern untergegangene Planwirtschaft überlebt, wo sie niemand vermutet: in den Konzernspitzen. Jeden Sommer schmieden Manager mit ihren Stäben die Pläne fürs nächste Jahr. Sie beraten über das Plan-soll, sie verhandeln, wem wie viel Geld und Personal zu-teilwird, um einen vorgegebenen Umsatz oder Gewinn zu erzielen. Sie haben auch Drei- oder Fünfjahrespläne – jedes Unternehmen ist eine kleine Planwirtschaft. Am Markt be-haupten sich diejenigen Wirtschaftsführer, die von Pla-nung etwas verstehen.

Eine mächtige Firma «ist weit davon entfernt, sich den Marktgegebenheiten zu unterwerfen; sie hat den Markt nach besten Kräften den eigenen Planungszielen dienst-bar gemacht. Preise, Kosten, Produktion und die sich hier-aus ergebenden Erlöse werden nicht vom Markt, son-dern von der Planung der Firma festgelegt», schrieb schon 1967 der berühmte amerikanische Ökonom John Kenneth Galbraith. Dabei beziehen sich die Pläne der Manager nicht nur aufs eigene Unternehmen. Am liebsten möchten sie ih-ren Markt beherrschen, dann können sie ihn besser planen. Selten gelingt dies so gut wie dem amerikanischen Soft-ware-Riesen Microsoft, er ist das Vorbild. Firmen wettern gegen jedes Monopol, das sie nicht selbst ausüben. Und reicht die eigene Kraft nicht aus, sprechen sie sich gern mit ihren Wettbewerbern ab, um – planwirtschaftlich – den Markt aufzuteilen und auszuhebeln. So stark ist der Hang zu Kartellen, dass der Staat sie verbieten musste. Den Weg zur Marktmacht ebnen jetzt deshalb Fusionen und Über-nahmen, aus denen Riesenkonzerne erwachsen, wo die Kommandowirtschaft grassiert, mit der bekannten Mi-schung von Büro- und Autokratie. «Unternehmen sind to-talitär strukturiert, ihre Rituale sind totalitär aufgebaut», schreibt der französische Autor Laurent Quintreau in seinem Bestseller *Und morgen bin ich dran*.

So kann man die Dinge sehen. Man kann sie auch anders sehen. Wer Planwirtschaft sagt, meint in der Regel: Staatslenkung. Pläne haben wir alle – die Frage ist, inwiefern der Staat oder aber der Markt die Einzelpläne von Unternehmen und Menschen koordinieren soll. Und diese Frage ist nicht definitiv beantwortet, weder faktisch noch ideologisch.

- Das Faktische: Der Anteil des Staats am Volkseinkommen der westlichen Länder beträgt alles in allem fünfzig Prozent; im real existierenden Kapitalismus halten wir uns ebenso sehr an die öffentliche Hand wie an die «unsichtbare Hand» des Markts. Unser System war längst vor der Krise halb Marktwirtschaft, halb Staatswirtschaft. Für die Hälfte der Volkswirtschaft hat sich – fast überall in der westlichen Welt – die Steuerung durch den Staat durchgesetzt.

- Das Ideologische: Die Lehrmeinung besagt, der Markt steuere die Wirtschaft besser als der Staat. Richtig? Nicht ganz, denn die Marktwirtschaft bringt immer mehr Konzerne hervor, die dermaßen groß sind, dass sie nie untergehen dürfen und deswegen eine Staatsgarantie genießen: «too big to fail», sagen die Angelsachsen. Die Globalisierung verstärkt diesen Trend. Ausgerechnet der Markt erzeugt noch mehr Staat.

Doch was sagten in den vergangenen Jahren die Staatskritiker zu dieser Rückkehr des Etatismus durch die Hintertür? Nichts. Unberührt sahen sie der von Investmentbankern und Hedge Fonds inszenierten Orgie der Fusionen zu, die im Einzelfall den Wettbewerb nicht unbedingt minderten, deren Summe aber – geradezu planmäßig – auf Vermachtung statt Vermarktung deutete.

Dem Menschen ist der Plan so vertraut wie der Markt. Dem Machtmenschen verhilft der Plan zur Marktmacht. Wie jede Ideologie verkennt die Marktideologie denjenigen, der ihr zum Glück Grenzen setzt: den Menschen. Er ist komplexer und komplizierter als alle Glaubenssätze, die ihm einfallen. Frappant war die Ähnlichkeit zwischen den marktradikalen Eiferern und den früheren kommunistischen Propagandisten. So wie einst die Partei immer recht hatte, galt der Markt als unfehlbar, womit wir wieder beim Papst und in Gottesnähe sind. Ideologen erstreben das Vollkommene. Läuft etwas schief, wissen sie den Grund: Der Sozialismus sei noch nicht perfekt, aber alles werde gut, sobald der Kommunismus erreicht sei, die höchste Stufe des Fortschritts – sagten die einen. Und die anderen führten jedes Problem darauf zurück, der Markt sei nicht frei genug, weshalb er nicht einwandfrei funktioniere. Lasse man ihn ungehindert wirken, löse sich manches wie von selbst.

Pech, dass wir uns – seit der Krise erst recht – mit dem real existierenden, stets unvollkommenen Markt begnügen müssen. Demokratie sei die schlechteste Staatsform, außer allen anderen, sagte der britische Kriegspremierminister Winston Churchill. Marktwirtschaft ist vermutlich die schlechteste Wirtschaftsform, außer allen früheren. Von Vorteil ist, dass sie funktioniert, wiewohl mit schweren

Aussetzern. Von Nachteil bleibt, dass sie gefährlich ist. Sie kann Menschen und Mentalitäten, Gesellschaften und ihre Werte, Völker und Volkswirtschaften schädigen – und sich selbst.

Der Markt jedenfalls ist nicht das Ziel oder gar Ideal, sondern ein unbefriedigendes Instrument. Alle Vernunft spricht dafür, es einzusetzen, aber auch dafür, seinen zehn (kleinen und großen) Schwächen Rechnung zu tragen.

Erstens: Auf dem Marktplatz wird fast alles in Geld bewertet. Der übermächtige Markt zerstört oder negiert nichtökonomische Werte, zum Beispiel demokratische, staatspolitische, gesellschaftliche, soziale, ökologische, kulturelle Werte. Irreführend ist die Annahme, wenig Nachgefragtes sei von vornherein auch wenig werthaltig. Nicht selten verhält es sich umgekehrt. Was zum Beispiel einige Medien anbieten, seit sie einer harten Markt- und Quotenwirtschaft unterstehen, ist zwar gefragt, aber oft von minderer Qualität und geradezu demokratieschädlich.

Zweitens: Wird ausgerechnet der Marktplatz – im Kasinokapitalismus die Börse – zum Dreh- und Angelpunkt der Gesellschaft, prägt er ihre Mentalität. Die Marktwirtschaft ufert zur Marktgesellschaft aus. Eine Familie, deren Angehörige marktwirtschaftlich statt solidarisch miteinander umgingen, bliebe nicht lang eine Familie. Eine reine Wettbewerbsgesellschaft ist brüchig.

Drittens: Der Marktplatz ist ein Ausleseplatz, auf dem manche Menschen gut bestehen, andere schlecht oder gar nicht. Zu wenig Markt schwächt die Leistung und mithin den Erhalt einer Gesellschaft, zu viel Markt schwächt ihren Zusammenhalt. Der «Raubtierkapitalismus», wie Helmut Schmidt ihn nennt, verbreiterte die Kluft zwischen den Gewinnern und jenen Verlierern, die zu Lasten der Gesellschaft und des Staats aus dem Markt scheiden. Überdies ist der Markt sehr einseitig – er spiegelt nur die Bedürfnisse kaufkräftiger Menschen, wie der indische Nobelpreisträger und Armutsökonom Amartya Sen schreibt: «Hat einer fast nichts anzubieten, kann er auch fast nichts nachfragen und wird deshalb den Kürzeren ziehen gegenüber anderen, deren Bedürfnisse wesentlich weniger dringlich sind» (und oft auch nur von Marketing-Strategen künstlich geweckt wurden).

Viertens: Wer besucht den Marktplatz – wer ist «der Markt»? Die Frage stellte bereits der Staatsdenker und Soziologe Max Weber, stets wird sie ungern beantwortet. Auf dem Arbeitsmarkt sind wir fast alle. Auf anderen Märkten ganz und gar nicht. Als der berühmte Spekulant George Soros 1992 das britische Pfund angriff und es mit Hilfe zahlreicher Gefolgsleute niederschlug, war dieser Machtmensch im Grunde «der Markt», er allein. Finanzleute bestimmen den Finanzmarkt, nicht wir, wiewohl unser Pensionskassengeld mit im Spiel ist. Und Finanzleute vertreten Eigeninteressen, die sie mit dem Gemeinwohl gleichsetzen.

Fünftens: Wer politische Macht hat, bestimmt weitgehend die Regeln auf dem Markt. Beispielsweise denkt Washington nicht daran, die Vormacht des Dollars als Weltwährung preiszugeben. Die geltende «Marktordnung» erlaubt den Amerikanern, sich massiv im Ausland zu verschulden, in Dollar statt in Euro oder Yen, ohne Wechselkursrisiko. Die internationale Währungsordnung spiegelt Machtverhältnisse, und in der Krise sind die Gläubiger der USA am kürzeren Hebel. Kein Wunder, dass Russland und das aufstrebende China darauf sinnen, den Dollar als Leitwährung abzulösen. – Auf dem Arbeitsmarkt wiederum bestimmen nicht bloß Angebot und Nachfrage den Lohn der Arbeitnehmer, sondern ebenso sehr die Machtproben zwischen Arbeitgeberverbänden und Gewerkschaften. Und vor allem: Den Arbeitsmarkt beherrschen Männer, weswegen die Mehrzahl der Frauen bei vergleichbarer Leistung schlechter entlohnt wird.

Sechstens: Oft kaufen sich die Marktmächtigen die Politik, die sie brauchen. Sie finanzieren Parteien und Volksvertreter, welche dann im Wesentlichen jene Marktordnung durchsetzen, die ihren Auftrag- und Geldgebern ins Konzept passt. Oder Wirtschaftsführer steigen selbst in die Politik ein wie Silvio Berlusconi, der in Italien politische, wirtschaftliche und mediale Macht bündelt, und der reiche Schweizer Christoph Blocher, dessen politische Linie seinen Eigeninteressen entspricht; er hat sich die kleine Schweizerische Volkspartei «angeeignet» und Millionen investiert, um sie zur mächtigsten Kraft im Land auszubauen.

Siebtens: Wettbewerb sei ein «Entdeckungsverfahren», schrieb der neoliberale Vordenker Friedrich August von Hayek; Konkurrenz mehre das Wissen der Marktteilnehmer und fördere Neuentdeckungen, Erfindungen, bahnbrechende Entwicklungen. Ebenso richtig ist aber, dass Kooperation oft das geeignete Entdeckungsverfahren ist. Wirtschaft und Wissenschaft verdanken maßgebliche Durchbrüche jenen staatlichen Projekten, in denen ein Land oder ein Kontinent seine besten Kräfte bündelt. Das Internet ist aus dem Kernforschungszentrum CERN (Centre Européen pour la Recherche Nucléaire) hervorgegangen. Die amerikanische Raumfahrtbehörde NASA (National Aeronautics and Space Administration), ihre europäische Schwester ESA (European Space Agency) und die Rüstungsprogramme des «militärisch-industriellen Komplexes» sind Treiber vieler Volkswirtschaften. Oft kann sich nur noch der Staat Investitionen auf sehr lange Frist leisten.

Achtens: Ausgerechnet in einer Epoche, in der die Planwirtschaften untergegangen sind, lebt die Marktbürokratie auf. Wer im Chaos der Airline-Tarife, Telekom-Abrechnungen, Handy-Rabatte und Bankgebühren, der Kundenkarten, Bonus-Punkte und Flugmeilen zurechtkommen und seinen Nutzen optimieren möchte, muss viel Zeit darauf verwenden und einer Beschäftigung nachgehen, die dümmer nicht sein könnte. Ruft ein Verbraucher den Kundendienst an, wartet er eine Ewigkeit, bis er dran ist. Will er einen Versicherungsvertrag abschließen, überfordert ihn ein Dutzend Seiten Kleingedrucktes. Ist Marktwirtschaft dazu da, das Leben zu erschweren? Immer mehr Konzerne möchten dem Kunden ihre Strategie aufzwingen, statt auf seine Wünsche einzugehen. Marktbürokraten sind so obrigkeitlich wie einst die Kommandanten der Kommandowirtschaft – was die Staaten zwingt, eine Vielzahl von Preisüberwachungs- oder Tarifregulierungsbehörden einzurichten.

Neuntens: Der Markt braucht Wachstum und erzeugt Wachstum durchaus auch dort, wo dieses Wachstum unerwünscht ist: wo Schonung der natürlichen oder sonstigen Ressourcen vorrangig wäre. Marktwirtschaft ist oft eine Vergeudungs- und Verschwendungswirtschaft, nur schon weil sie die Konsumenten zum Konsumieren anregt: Wächst ein Markt nicht, wird er besonders instabil. Wo Gleichgewicht ohne Wachstum herzustellen ist, eine wichtiger werdende Aufgabe, stößt der Markt an seine Grenzen.

Zehntens: Der Marktplatz versagt, immer wieder. Im Jahr 2006, kurz vor Ausbruch der Krise, war der Finanzmarkt hoch ineffizient. Zinsen und Börsenkurse signalisierten in keiner Weise die Risiken, die manche Bank eingegangen war. Der Vorstandsvorsitzende der Deutschen Bank Josef Ackermann gestand 2008: «Ich glaube nicht mehr an die Selbstheilungskraft der Märkte.» Langfristig mag der Markt etliche Fehlentwicklungen berichtigen, doch «langfristig sind wir alle tot», frotzelte der Ökonom John Maynard Keynes. Und die Krisen, die der «selbstheilende» Markt oder der Staat bewältigen muss, fügen vielen Menschen schweres Leid zu.

Selbstheilung: Der Wortschatz des Kapitalismus neigt auch hier zum Religiösen, als berge der Markt ähnlich wie der Glaube eine übernatürliche Kraft zur Regeneration. Kraft dieses Heilsversprechens war der Kasinokapitalismus unbekümmert: Wenn der Markt am Ende immer recht hat, erhebt «niemand mehr den Anspruch, das Geschehen zu verstehen», vermerkt der Soziologe Dirk Baecker. Solange der Markt göttergleich alles richtet, darf sich die kapitalistische Menschheit ihm hingeben. Politik, also der Ausdruck menschlichen Gestaltungswillens jenseits des Markts, wirkt verdächtig, schädlich, frevelhaft. Die göttliche Regel lautet, dass der Mensch im Allgemeinen und der Politiker im Besonderen möglichst wenig eigene Regeln aufstellen sollten. Die Allmacht hat und ist der Markt.

FAZIT 2

Im real existierenden Kapitalismus
- bleibt der Staat so wichtig wie der Markt;
- ist die gemischte Wirtschaft bewusst zu gestalten;
- ist der Markt als Macht zu begreifen;
- ist Gegenmacht aufzubauen, damit sich auch die nichtökonomischen Werte behaupten.

DEN STAAT
BEFREIEN

Der römische Historiker Publius Cornelius Tacitus schrieb um 115 nach Christus sein berühmtes Geschichtswerk, die *Annalen*. Darin schildert er eine Finanzkrise unter Kaiser Tiberius im Jahr 33: «Plötzlich kam das gesamte Schuldenwesen in Bewegung», es entstand «eine Verknappung auf dem Geldmarkt». Fatalerweise, berichtet Tacitus, hatten «die Kapitalisten all ihr Geld zum Kauf von Grundstücken» ausgegeben und waren illiquide geworden. Als ihre Gläubiger die Kredite kündigten, musste eine Vielzahl von Grundherren Haus und Hof verschleudern:

«Das massenhafte Verkaufsangebot drückte die Preise, und je tiefer einer verschuldet war, umso schwerer war er dazu zu bringen, seinen Besitz zu veräußern. Der Zusammenbruch der wirtschaftlichen Existenz hatte den Verlust von Stellung und Ruf zur Folge. Endlich griff der Caesar (*der Kaiser*) helfend ein. Er stellte den Banken hundert Millionen Sesterzen zur Verfügung, wodurch die Aufnahme von zinslosen Darlehen auf drei Jahre ermöglicht wurde, sofern der Schuldner dem Staat doppelte Sicherheit in Form von Grundstücken gebe. So wurde der Kredit wiederhergestellt, und allmählich fanden sich auch wieder private Geldgeber. Doch vollzog sich der Ankauf von Grundbesitz nicht entsprechend den Richtlinien des Senatsbeschlusses. Wie gewöhnlich in solchen Fällen ging man anfangs mit Strenge an die Sache heran und behandelte sie zum Schluss mit Lauheit.»

Der Realist Tacitus sah die Ohnmacht des Staats: Kaiser und Senat hätten zwar Maßnahmen getroffen, «um den Betrügereien entgegenzuwirken, die aber jedes Mal, wenn man dagegen eingeschritten war, durch erstaunliche Kniffe wiederauflebten». Deshalb sei es zu einer «unendlichen Menge und Mannigfaltigkeit von Gesetzen gekommen». Der Historiker konstatierte: «Je verderbter das Gemeinwesen war, umso mehr Gesetze gab es.»

Vor einer «Versumpfung des Kapitalismus» warnte Jahrhunderte später, nämlich 1932, der deutsche Ökonom Walter Eucken, einer der Gründerväter des Neoliberalismus. Begehe der Staat den verhängnisvollen Fehler, ins Wirtschaftsgeschehen einzugreifen, werde er sofort von Lobbygruppen gekapert, die opportunistisch auf ihren Vorteil aus seien und Druck ausübten: Sobald Unternehmen und Branchen von der freigebigen öffentlichen Hand «Privilegien erhalten, macht sich ein Teufelskreis geltend. Die verliehenen Privilegien werden dazu benutzt, weitere Rechte und Privilegien zu erkämpfen». Die rasche «Zunahme der Staatstätigkeit nach Umfang und Intensität verschleiert den Verlust der Autorität des Staates, der mächtig scheint, aber abhängig ist».

Eucken sah die Gefahr einer Art «Übernahme» des Staats

durch Interessenverbände und Konzerne. Doch der Lauf der Dinge widerlegte seine Auffassung, wonach der Verzicht auf staatliche Intervention dieses Risiko mindere. Im Gegenteil, nie war die Vorherrschaft der (Finanz-)Wirtschaft über den Staat so groß wie in den vergangenen drei Jahrzehnten, als die Regierenden, durchaus im Sinn Walter Euckens, privatisierten, deregulierten, liberalisierten. Nirgends sind Lobbyisten so mächtig wie in den Vereinigten Staaten, wo der Staat – bis zum Krach – eine kleinere Rolle spielte als in Europa.

Die amerikanische Hochfinanz, die mehr Freiheiten genoss denn je, bemächtigte sich des Staats: kraft ihrer Geltung, ihres Reichtums und dank Wahlkampfspenden. Durch den guten alten «Korridor Wall Street–Washington» entsandte der Geldadel seine Statthalter in die amerikanische Hauptstadt. Bill Clintons Finanzminister Robert Rubin, George W. Bushs Finanzminister Henry Paulson, sein Stabschef Joshua B. Bolten und der Verwalter des 700-Milliarden-Rettungsfonds Neel Kashkari kamen alle von der Investmentbank Goldman Sachs. Was Banker und Fonds-Manager sagten, galt als die Wahrheit – auch in Europa.

An der Schwelle zum neuen Jahrtausend, im April 2000, erhob der damalige Chef der Deutschen Bank, Rolf-E. Breuer, die Finanzwelt zur «fünften Gewalt» und im Grunde sogar zur ersten Macht im Staat, denn sie könne viel besser als das Volk die Politiker auf die richtigen Ziele verpflichten: «Wenn man so will, haben die Finanzmärkte quasi als ‹fünfte Gewalt› neben den Medien eine wichtige Wächterrolle übernommen. Wenn die Politik im 21. Jahrhundert in diesem Sinn im Schlepptau der Finanzmärkte stünde, wäre dies vielleicht so schlecht nicht.» Sieben Jahre vor dem Crash befand der Bankier, es herrsche ohnehin «weitgehende Interessenkongruenz zwischen Politik und Finanzmärkten».

In diesem Klima verstand sich der verachtete, verunsicherte Staat nicht länger als Ordnungskraft, die dem Markt einen Rahmen und der Finanzmacht Schranken setzt. Fortan galten Staatsdiener als Diener des «Standorts». Ihr Auftrag: an vorderster Front mitzukämpfen im Steuer- und Standortwettbewerb, dem globalen Buhlen um die Gunst von Konzernchefs und Anlegern. Die Politik war Dienstleisterin der Marktmächtigen.

2003 frohlockte Marcel Ospel, Präsident der Großbank UBS. Sein Freund, der Milliardär Christoph Blocher, wurde Schweizer Justizminister. Gleichzeitig avancierte der fügsame Wirtschaftsberater Hans-Rudolf Merz – Ex-UBS-Angestellter und Expräsident eines von der UBS erworbenen Instituts – zum Finanzminister. Nunmehr sei die Großbank in mehreren Ministerien «mit Vertretern unserer Interessen abgestützt», verkündete Ospel. Dies läute «zum Wohle des Landes eine weitere erfolgreiche Phase für den Finanzplatz ein», so der Mann, der bald das helvetische Flaggschiff auf Sand setzte und die Eidgenossenschaft ernster Gefahr aussetzte.

«Alle Finanzkrisen der jüngeren Zeit wurden dadurch ausgelöst, dass eine Wirtschaftselite zu viel Macht bekam», sagt Simon Johnson, bis August 2008 Chefökonom des Internationalen Währungsfonds und jetzt «Professor für Unternehmertum» am MIT (Massachusetts Institute of Technology): «Wichtigste Lehre der Krise ist, dass wir Banken keinen großen politischen Einfluss mehr zubilligen dürfen. Die Macht der Wall Street müssen wir brechen.»

Doch die Generation Kasino möchte noch nicht abdanken. Viele zocken längst wieder, süchtig und provokativ. «Dass der Schlamassel, den sie anrichteten, über Steuergelder und Inflation abgegolten wird, ficht sie nicht an – sie wettern schon wieder gegen staatliche Eingriffe», ärgert sich die liberal-konservative *Frankfurter Allgemeine Zeitung*. Dieselben Finanzoligarchen, die sich den Staat gefügig machten, schreiben ihm nun die Hauptverantwortung für die Krise zu. Etliche Banker gingen auf dem Höhepunkt der Krise so weit, ihre Boni mittelbar (oder sogar direkt) vom Staat begleichen zu lassen: von jenem Staat, dem sie den Großteil ihrer Verluste aufgebürdet hatten. Das Gemeinwesen verkam zur Giftmülldeponie für «toxische» Papiere, während die Kasinospieler werthaltige Wertschriften behielten.

Als die Firmenkasse leer war, schöpften sie die Staatskasse ab. Darin zeigte sich die Macht der Finanz und die Schwäche der Regierungen. Der gesunde Teil notleidender Banken verblieb meist in privater, der morsche Teil wechselte zur rettenden öffentlichen Hand. Verkehrte Welt: Der Aktionär eines abgewirtschafteten Instituts, der sein Geld verloren hat, bleibt Miteigentümer. Der Staat, der das Institut rettet und dafür Milliarden einsetzt, wird in der Mehrzahl der Fälle nicht einmal Aktionär, er erwirbt keine Rechte und hat wenig zu sagen. Wer zahlt, befiehlt nicht. Der Finanzkapitalismus verwischt seine Grundlage: Statt des Eigentumsrechts gilt das Recht des Stärkeren. Oligarchen zwingen den Staat, ihr in der Krise verwirktes Eigentum zu schützen – koste es, was es wolle.

In den guten Jahren verdienten US-Banker bis zu viermal mehr als die Werktätigen mit vergleichbarer Ausbildung. Auch europäische Bankmanager wurden und werden nach wie vor besser bezahlt als alle ihre Vorgänger in der Weltgeschichte: weil sie «die Besten» sind. Diese Besten verantworten die schwerste Finanzkrise überhaupt – doch dem Staat misslingt es, sie zu bändigen. Er traut sich nicht. Politiker und Beamte könnten es noch schlechter als die Banker, heißt es. So werden Versager belohnt. «Dieselben Banken, die gestern noch Millimeter vor dem Abgrund standen, benehmen sich heute als Krisengewinnler», wehklagte im Sommer 2009 der ratlose deutsche Finanzminister. Der Staatsgewalt fehlt es an Kraft, Kompetenz und Unabhängigkeit, Eigenverantwortung von denen einzufordern, die diese Eigenverantwortung vor der Krise zum obersten Prinzip einer freien Gesellschaft erklärt haben. Die meisten westlichen Regierungen verharren im Bann der Ultraliberalen, die den Staat erst einschüchterten und nun ausbeuten. Letzteres gelingt ihnen umso leichter, als sie in vielen Ländern die Verwaltung zermürbt haben. Wenn wichtige Ämter und Aufsichtsbehörden bewusst unterdotiert und Beamte unterbezahlt werden, resignieren oder gehen die Fähigsten. Den Staat hat man so lange schlechtgemacht, bis begabte Nachwuchskräfte den Staats-

dienst mieden und in der Tat der Leerlauf, das Unvermö-
gen und die Bürokratie zunahmen: eine selbsterfüllende
Prophezeiung. Im zurückliegenden Vierteljahrhundert er-
litten Politik und Verwaltung einen herben Verlust an
Kompetenz. Das war Absicht, der Erfolg systematischer
Diffamierung demokratischer Institutionen.

Die ewige Frage der Politik, die nie eine ideale Antwort findet, lautet: Welche ist die jetzt notwendige, zweckmäßige,
verhältnismäßige, wirksame, durchsetzungsfähige, später
abschaffbare, möglichst allgemeine Regel, die in die Syste-
matik der Gesetze passt und nach menschlichem Ermessen
wenig unerwünschte Nebenwirkungen hat? Diese Frage
zu klären fordert Staatsdienern und Gesetzgebern hohe
Kompetenz ab. Doch die fehlt dem «schlanken Staat» im
Schlepptau einer Wirtschaft, die kraft ihrer bestbezahlten
Fachleute den Verwaltungsapparat überführt und sich
wichtige Gesetze maßschneidern lässt – bis zu dem Punkt,
da eine private Anwaltskanzlei an Gesetzesentwürfen arbeitet und Lobbyisten in wichtigen Behörden «Gastrecht»
genießen, manchmal sogar ein Büro beziehen.

Der Ultraliberalismus wollte den Staat schwächen, um
die Wirtschaft zu stärken. Damit schwächte er beide. Am
Geldhahn und Gängelband der Banken war die Politik
nicht mehr willens oder fähig, eine vernünftige Ordnung
der Finanzmärkte durchzusetzen und für Stabilität zu sorgen. Schon 1950 mahnte sogar Walter Eucken: Ein sich selbst
überlassener Markt, dem der Staat keinen straffen Rahmen
setzt, sei krisenanfällig. Die oft beschworene Staatsquote

(den Anteil der öffentlichen Hand am Volkseinkommen wollen die Antietatisten unbedingt drücken) war für Eucken nachrangig: «Ob wenig oder mehr Staatstätigkeit, die Frage geht am Wesentlichen vorbei. Es handelt sich nicht um ein quantitatives, sondern um eine qualitatives Problem.»

Es kam, wie es kommen musste und schon bei Tacitus vorkommt, in dieser Hinsicht sind 2000 Jahre eine kurze Zeit: Wie einst Kaiser Tiberius und sein Senat neigten Minister und Volksvertreter dazu, ihre Schwäche durch Aktivismus wettzumachen; im Jahrzehnt vor dem Krach stellten sie viele statt gute Regeln auf. Und die Wirtschaftswissenschaft vernachlässigte ihrerseits das Thema der «besseren Regulierung» – weil Regulierung an sich verdächtig schien. Neokonservative und Neoliberale, die wie die 68er-Ideologen Begriffe besetzten, nährten den Hass auf Gesetze aller Art. Das Recht schnüre die Freiheit ein, sagten diese Überzeugungstäter. Übermäßige Regulierung kann in der Tat die Menschen hemmen. Doch ist das Recht eine elementare Voraussetzung der Freiheit aller. Ohne Gesetze gilt das Recht des Stärkeren, das diese Freiheit erstickt. Der allgegenwärtige Wettbewerb, in dem sich die Stärksten durchsetzen, ist indessen das Ideal des Ultraliberalismus. Die Freiheit, die er meint, ist die des Gewinners, «the winner takes it all». Ein demokratischer Rechtsstaat hütet ebenso sehr die Freiheit des Verlierers. Ultraliberale befehden den Staat, weil er dem Recht des Stärkeren entgegensteht.

«Mehr Freiheit, weniger Staat», lautete das Kampfwort. Mehr Marktfreiheit und weniger Bürgerfreiheit – darauf lief ultraliberale Politik hinaus. Hinter Freiheitsparolen lauert ein autoritärer Kapitalismus. Manager, die ihren Konzern autokratisch führen, verzweifeln am Schneckengang der Demokratie. Sie loben das riesige und trotzdem entscheidungsfreudige China. Sie bewundern das kleine Singapur, dessen Regierung den Stadtstaat wie ein Unternehmen leitet, die Bürger wie Mitarbeiter lenkt, und wo die Wirtschaft freier ist als der Mensch. Diese Marktradikalen beseelt der Wille zur Macht: zur Wirtschaftsmacht, die der Demokratie Befugnisse entzieht. Im Zeichen der Privatisierung zog sich der demokratische Staat aus vielen Bereichen zurück, die er dem Gestaltungswillen einer Handvoll Marktführer überließ (mancherorts sollte selbst die Wasserversorgung, eine Lebensader, privater Kontrolle anheimfallen). Überhaupt wollte die globale Wirtschaft sich selbst die Rahmenbedingungen setzen, sich eigenmächtig regulieren. Länder, Regierungen, Parlamente und Bürger hatten sich anzupassen.

Das lief auf «Demokratieentleerung» (so der Bielefelder Soziologe Wilhelm Heitmeyer) hinaus: Die Politiker spielten zwar unverdrossen ihr Spiel, aber der Spielraum wurde enger. Nur in den Spielbanken des Kasinokapitalismus herrschte Narrenfreiheit. Es schwand die Ordnungs- und Gestaltungskraft der «Res publica», indem internationale Konzerne und globale Investoren die Nationalstaaten systematisch gegeneinander ausspielten und die Rivalität der Standorte anheizten. Kein Marxist, sondern der liberalkonservative Lord Dahrendorf analysierte: «Was die globale Klasse als schlimme, anachronistische Behinderung ansieht, sind nationale Regierungen und ihre Gesetze. Es verwundert nicht – denn das ist eine historische Konstante –, dass eine neue Klasse die traditionellen Institutionen als hinderlich für ihre Entfaltung betrachtet und der Meinung ist, sie müssten entweder zerschlagen oder ignoriert werden. Wir sind bereits in eine Phase eingetreten, die wir als ‹Post-Demokratie› bezeichnen könnten», so der 2009 verstorbene Lord.

Athen, die Urdemokratie, hatte ihre Agora, auf der die Bürger debattierten und die Händler feilschten. Auch im republikanischen alten Rom, lange vor der Willkürherrschaft von Cäsaren wie Tiberius, war das Forum Treffpunkt von Demokratie und Marktwirtschaft, und dieses Paar galt bis vor kurzem als unzertrennlich. Im postdemokratischen Kapitalismus jedoch ist das erfolgreichste Land eine Diktatur, die Volksrepublik China; die weltweit reichste Organisation ist eine kommunistische Partei, die chinesische KP.

Manche Ultraliberale beklagen den Niedergang des bequemen Westens. Sie schelten den Sozialstaat, der die Menschen entmündige und ihren Antrieb schwäche. Sie übersehen, dass gerade der Kapitalismus viele aktive Bürger zu passiven Konsumenten verkümmern lässt (und dass sogar die Politik zum Konsumprodukt wird, das Populisten am besten vermarkten können, weil sie Emotionen bewirtschaften). Die von Ultraliberalen angestrebte Vormacht der Ökonomie über die Demokratie forciert den vielbeklagten Verlust an Bürgersinn. Noch toxischer als manches «strukturierte Produkt» ist der strukturelle Primat der Wirtschaft über die Politik. Hätte der Staat die Risikolust der Banken einzudämmen versucht, «hätten wir uns natürlich gewehrt, wir haben ja verdient wie die Weltmeister», gesteht der neue UBS-Chef und ehemalige Credit-Suisse-Chef Oswald Grübel: «Aber es gibt Momente, in denen eine Aufsicht sagen muss, was gilt. Macht eine Aufsicht das, was der Beaufsichtigte will, ist sie keine Aufsicht.»

Nur eine lebendige Demokratie kann die Forderung erfüllen, die der Schöpfer des Worts «Neoliberalismus», Alexander Rüstow, 1932 am Ende eines Vortrags vor einigen der besten Ökonomen seiner Zeit erhob: «Der neue Liberalismus, der heute vertretbar ist, und den ich mit meinen Freunden vertrete, fordert einen starken Staat, einen Staat oberhalb der Wirtschaft, oberhalb der Interessenten, da, wo er hingehört. Und mit diesem Bekenntnis zum starken Staat im Interesse liberaler Wirtschaftspolitik und zu liberaler Wirtschaftspolitik im Interesse eines starken Staates – denn das bedingt sich gegenseitig –, mit diesem Bekenntnis lassen Sie mich schließen.»

FAZIT 3

Ein demokratischer Kapitalismus

- beachtet den Vorrang der Demokratie vor der Ökonomie und bricht die Übermacht der Finanzwelt;
- sorgt für viel Unabhängigkeit der Politik von Wirtschaftsinteressen;
- achtet den Staat und seine Institutionen;
- hat zugunsten vernünftiger und wirtschaftsfreundlicher Rahmenbedingungen ein hohes Interesse an einer kompetenten, leistungsfähigen Verwaltung.

DIKTAT DER
KURZEN FRIST

Die Krise ist allgegenwärtig, eine Krise der Finanz, der Wirtschaft, der Politik, der Medien – dahinter eine Wertekrise. Schon seit langem ist die Rede vom Wandel der Werte in einer Epoche pausenloser Umbrüche: elektronische Revolution, Globalisierung, europäische Einigung, Untergang der Sowjetunion, Ende des Kommunismus, Aufbäumen des Islamismus, Auftrumpfen des Populismus, Aufstieg der Ökologie, Durchbruch der Gentechnik, Wandel zur Dienstleistungsgesellschaft. Und zehn Jahre nach der 1968er Revolte der Linken entfaltete sich die neoliberale Gegenbewegung. Selten in der Geschichte gab es solchen Umschwung in fast allen Lebensbereichen. Daraus erwuchs ein Kult der Geschwindigkeit. Er hat viele Menschen beflügelt, viele überfordert.

Im Westen traf die Krise labile Gesellschaften. Die Amtszeit des amerikanischen Präsidenten George W. Bush hatte mit «9/11» am New Yorker World Trade Center begonnen und endete im Debakel an der benachbarten Wall Street, zwei Traumata. Auch Europa war schon vor dem Finanzcrash verunsichert. Der Staat und «Brüssel» stehen unter Dauerbeschuss. Zusehends fehlen Vorbilder. Die Wirtschaftselite giert, die Medienwelt fiebert, die Kirchen kränkeln. Der bedrängten Mittelschicht und der wachsenden Unterschicht bietet niemand Orientierung. Im großen Umbruch schwanken wir Europäer zwischen Zuversicht und Beklemmung.

- Die elektronische Revolution hat einerseits das Internet und weitere wunderbare Möglichkeiten geschaffen, andererseits Ängste geweckt: Werden Arbeitsplätze wegrationalisiert, Gesellschaften noch anonymer? Kommt der rundum überwachte, gläserne Mensch?

- Globalisierung und Europäisierung lassen Grenzen fallen. Manche Europäer genießen den größeren Auslauf. Die anderen, denen die Staatsgrenzen Schutz boten, fürchten nun den Einbruch des Fremden und die Macht anonymer Bürokraten in der Brüsseler EU-Zentrale oder in Konzernzentralen.

- Das Ende des Kalten Kriegs war befreiend, doch mittlerweile herrscht eine ungemütliche «Weltunordnung». Die latente Sorge um Atomkrieg und Weltuntergang ist einem verbreiteten Gefühl persönlicher Bedrohung durch kriminelle oder politische Gewalttäter gewichen, zumal ein Teil der Massenmedien immer penetranter die menschlichen Ängste bewirtschaftet.

- Das neue Umweltbewusstsein eröffnet Chancen und Märkte für die Wirtschaft, von den erneuerbaren Energien bis zu den Bioprodukten – aber es verärgert den Teil der Firmenwelt, den die neuen ökologischen Auflagen behindern. Das Volk, notorisch ambivalent, fürchtet die Erderwärmung ebenso wie den Anstieg des Benzinpreises.

- Die Gentechnik nährt Hoffnungen im Kampf gegen den Welthunger und unheilbare Krankheiten, aber auch die Urangst vor dem Frevel, in die Schöpfung einzugreifen.

- Der Übergang vom Industrie- zum Dienstleistungszeitalter ist eine Zäsur wie einst der Wechsel von der Agrar- zur Industriegesellschaft, mit Gewinnern und Verlierern. Statt der Konzentration von Arbeitskraft in den Fabriken sind nun dezentrale Netze gefragt. Unmerklich bröckeln altgewohnte Kategorien der Industriegesellschaft: Die Grenzen zwischen Büro- und Heimarbeit, Voll- und Teilzeit, Selbständigen und Lohnabhängigen verwischen. Wer eigentlich ist Arbeitgeber, wer Arbeitnehmer, wenn Investmentbanker mehr verdienen als ihre Vorgesetzten?

- Die Nach-68er-Jahre haben das Zusammenleben verändert. Die Familie ist nicht länger alleinige Stammzelle der Gesellschaft. Behutsam beginnen Frauen, die Männer zu überholen. Der neue Kult der Jugendlichkeit mindert den einstigen Respekt vor dem Alter.

Noch radikaler aber haben Ultraliberale die bürgerlichen Werte zerrüttet. «Macht aus dem Staat Gurkensalat», hatten die Revoluzzer gesagt – aber nicht getan; gern gingen sie in den Staatsdienst. Die wahren Antietatisten sind ihre rechten Nachfolger. Und ihr Kasinokapitalismus belohnt nicht mehr die echte Leistung, «sondern die Performance, den in Zahlen aufscheinenden Erfolg», vermerkt Klaus Gretschmann, Generaldirektor beim Brüsseler EU-Rat, früher Wirtschaftsberater von Bundeskanzler Gerhard Schröder: «Tradierte alteuropäische Tugenden des ehrbaren

Kaufmanns wie Verlässlichkeit, Zuverlässigkeit, Ehrlichkeit, langfristige Geschäftsbeziehungen, Kontinuität, Vertrauen, Rücksicht sind verlorengegangen, ersetzt worden durch Zielgrößen wie Dynamik, Innovation, kurzfristiger Profit. Seitdem Finanzmärkte die Güter- und Arbeitsmärkte dominieren, ist trickreiche Virtuosität statt hergebrachter Solidität zur Devise geworden.» Der forsche angelsächsische Kapitalismus war dabei Schrittmacher.

In Deutschland warnte schon vor zwei Jahrzehnten der 2008 verstorbene Ökonom und Staatssekretär Claus Noé: «Solcher Wertewandel ist Wertezerstörung.» Werden die reellen Werte und Tugenden jetzt «wiederhergestellt»? Rücken immaterielle Werte in den Vordergrund, nachdem die Banken 4000 Milliarden Dollar vernichtet haben und im Börsenkrach 30000 Milliarden implodierten?

In den Augen des Leiters des Liberalen Instituts in Zürich ist diese Frage falsch gestellt, denn für ihn gilt: Markt ist Moral. Der freie Markt, schrieb Pierre Bessard noch im Mai 2009, sei «die umfassendste moralische Anstalt». Er gründe auf der Achtung des Individuums und seines Eigentums. Er ersetze kriegerischen Kampf durch «wechselseitig vorteilhaften Tausch». Der Markt fördere «aus der eigenen Logik heraus Werte wie Ehrlichkeit, Zuverlässigkeit, Friedfertigkeit, Gerechtigkeit». Bekanntlich macht Liebe blind, das gilt auch für Bessards Marktliebe in der Marktkrise.

Laut Jacob Burckhardt, dem berühmten Kulturhistoriker, sind Krisen «beschleunigte Prozesse», deren Ursprung er in seinen *Weltgeschichtlichen Betrachtungen* aus dem Jahr

1870 anhand eines geologischen Bilds erläuterte: Bei der Komplexität jeder Gesellschaft, wo Staat, Religion, Kultur (und Wirtschaft, ergänzt man heute) «neben- und übereinandergeschichtet sind» und unablässig aufeinander wirken, wo vieles eine neue Form annimmt und deshalb seine ursprüngliche Rechtfertigung verliert, erlangen bestimmte Kräfte zu viel Platz, zu viel Macht und missbrauchen sie «nach Art alles Irdischen, während andere Elemente eine übermäßige Einschränkung erleiden müssen». Dann kann «irgendwo irgendwas ausbrechen».

Tatsächlich berührt die Finanzkrise, die in Nordamerika und Westeuropa ausbrach und Asien etwas milder trifft, den Kern der westlichen Kultur. In der Leistungsgesellschaft haben die Jahre des schnellen Gelds ausgerechnet den Arbeitsbegriff entwertet, der einen Großteil unserer Identität stiftet, seit der Genfer Reformator und «Vorvater» des Kapitalismus, Jean Calvin, die menschliche Arbeit heiligte; er sah den Beruf «als Wachtposten, den uns der Herr zugewiesen hat».

In seinem Buch *Die kulturellen Widersprüche des Kapitalismus* erahnte der amerikanische Soziologe Daniel Bell schon 1976 «eine Erosion der protestantischen Ethik». Eine Studie der zwei Ökonomen Thomas Philippon von der New York University und Ariell Reshef von der University of Virginia illustriert seine These. Die beiden Forscher haben die Entwicklung der Gehälter von US-Investmentbankern seit der Weltwirtschaftskrise von 1929 untersucht: Bis 1980 verharrten sie auf dem Anderthalbfachen vergleichbarer Industrielöhne, dann schnellten sie aufs Vierfache empor. In Teilen der Finanzbranche und auf mancher Chef-etage stehen seither Arbeit und Lohn der Arbeit in keinem Verhältnis mehr. Zwischen Leistung und Entgelt klafft ein Abgrund, der sich in der Krise (noch?) nicht schließt. Das Bonus-Virus hat das Arbeitsethos befallen: Wer über sein Spitzengehalt hinaus noch Riesenboni braucht, um sich zu motivieren, hängt nicht an seiner Arbeit. Die Aufgabe, der man sich widmet, verkommt zum Job, den man wechselt wie das Brioni-Hemd. Überzogene Anreize ziehen Spieler-naturen und Zyniker an, die sich weder dem Arbeitgeber noch dem Kunden verpflichtet fühlen, sondern der Aus-beute und dem Nahziel, Multimillionär zu werden.

Performance-orientierte Arbeit hat sofort Früchte zu tra-gen, weit weg von der alttestamentarischen Mühsal «im Schweiße unseres Angesichts». Um die Börse zu befriedi-gen, muss von Quartal zu Quartal «besser gearbeitet wer-den». Zur «Optimierung der Prozesse» werden Konzerne so oft und fahrig umgebaut, dass ihre Effizienz eher sinkt. Dem Spezialisten einer Bank, der binnen sechs Jahre vier neue Chefs begrüßt hat, sind der fünfte Chef und die fünfte Neuorganisation egal. Solche strukturelle Selbstbeschäf-tigung, die Riesenunternehmen auf Trab hält, ist Schein-arbeit.

In den *Années folles* der Finanz wuchs ohnehin der Ein-druck, auf Dauer lasse sich mit Geld mehr Geld verdienen als mit Arbeit – eine Täuschung, denn Spekulation ist letzt-lich ein Nullsummenspiel: Was einer gewinnt, verliert ein anderer, genau wie im Kasino. Spekulation schafft keinen

Mehrwert und stiftet keinen volkswirtschaftlichen Nutzen, außer dass sie die Croupiers gut beschäftigt und einzelne Märkte in Gang hält, indem sie ihnen Marktteilnehmer zuführt. Im Jargon der Börsianer heißen die Baissiers (die mit fallenden Kursen rechnen) «Bären» und die Haussiers (die auf Kursanstieg spekulieren) «Bullen». Kraft ihres Herdentriebs sorgen sie für unsinnige Trends und willkürliche Preisausschläge, was die Märkte noch launischer macht als ohnehin und der Industrie die Planung erschwert.

Unternehmen planen Jahre im Voraus. Beim Zocken ist manchmal eine Sekunde zu lang. Der Finanzinformationsdienst Thomson Reuters tüftelt an einer Software, die neue Quartals- und Jahreszahlen von Unternehmen einige Zehntelsekunden schneller versendet als die Wettbewerber. Reflex statt Reflexion: 0,7 Sekunden nach Eintreffen der Kurzmeldung über den Anschlag vom 11. September 2001 ergingen an der Börse erste Orders. Inzwischen gibt es computergestützte «Hochfrequenz-Händler», die in Zeitfenstern von Millisekunden eine Wertschrift kaufen und mit winziger Gewinnmarge wieder verkaufen.

Mehr und mehr Konzerne geraten unter das Diktat der kurzen Frist. Die seit Mitte der 1980er angesagte «Shareholder-Value»-Doktrin hat nicht das beständige Unternehmen, sondern den unsteten Aktionär (Shareholder), der mit seinen Aktien schnellen Mehrwert (Value) erzielen möchte, in den Mittelpunkt des Wirtschaftslebens gerückt. Der Topmanager ist unter diesen Umständen dazu da, die ungeduldig spekulierenden Aktionäre – oft Hedge Fonds und

Pensionskassen – zu befriedigen. So schwingt das Pendel von der beharrlichen Strategie zu den fiebrig erwarteten Vierteljahreszahlen, die so gut wie nichts über die Solidität und die langfristigen Aussichten einer Firma aussagen.

Das Vertrauen in ein Unternehmen ist nämlich eine Frage der Kontinuität und Berechenbarkeit. Von heute auf morgen verspielt man dieses Vertrauen, gewinnen lässt es sich nicht über Nacht. Geht es verloren, heißt es: «Rien ne va plus.» Als Mitte 2007 die besten Banken der Welt plötzlich einander beargwöhnten und beispielsweise die Deutsche Bank der Bank of America oder der Credit Suisse kein Geld mehr auslieh, brach die Krise aus. Und inzwischen gilt: Kommt Zeit, kommt vielleicht Vertrauen. Für Unternehmen ist es der Grundwert – nicht nur für sie.

Die allgemeine Beschleunigung in Wirtschaft und Gesellschaft ist das Pendant zum Wertezerfall, denn wer blitzschnell handeln muss, nimmt wenig Rücksicht auf Mitmenschen, Mitarbeiter und Mitwelt. Unter der Despotie der kurzen Frist werden überdies viele Zeit(not)genossen unkritisch, vom Topmanager bis zum Kleinanleger. Sich abwägend ein Urteil zu bilden, erfordert Ruhe, besser noch Muße. Doch wer sich Zeit nimmt, verliert Geld.

Hastig bleiben selbst diejenigen, die bereits eine Menge Geld haben: Zeit ist Geld, aber Geld ist nicht Zeit. Der Essayist Christian Graf Krockow vermerkte, früher sei es das Vorrecht des Adels gewesen, Zeit zu haben, nichts zu tun. Statussymbol des postmodernen Geldadels ist die pralle Agenda – Terminsucht als Denkflucht. Reichskanzler Otto von Bismarck arbeitete fünf Stunden am Tag. Heutzutage genießt derjenige hohes Ansehen, der von Termin zu Termin und mit dem Trolley von Terminal zu Terminal hetzt, Blackberry am Ohr und Thinkpad-Tasche umgehängt. Der «flexible Mensch», den der Turbokapitalismus braucht, ist überall, nur nicht bei sich.

Das ist die Chance von Gauklern und Gaunern wie Bernie Madoff. Vor allem aber ist es die Stunde der Autoritären, die sich auf das Gesetz der Dringlichkeit berufen, um ihren Autoritarismus zu begründen und unbotmäßiges Fußvolk zu verschüchtern: «Ruhe auf den billigen Plätzen», es herrscht «Handlungsbedarf», man braucht keine «Bedenkenträger». In den Jahren vor der Krise verstummte mancher Kritiker des Turbokapitalismus, der nur Häme erntete, während viele Meinungsmacher sich vom Geld- und Gleichstrom mitreißen ließen. Zu einem Zeitpunkt, da konstruktive Systemkritik nötiger denn je gewesen wäre, trieben etliche Medien den flatterhaften Wirtschaftsführerkult und erlag mancher an sich nüchterne Ökonom der Faszination der Macht. Umso größer die Arroganz ebendieser Macht: Topmanager, die dank «goldener Fallschirme» und Abfindungen bestabgesicherte Angestellte sind, beklagen die Vollkasko-Mentalität ihrer risikoscheuen Mitbürger. Während viele Konzernchefs Jahr für Jahr mehr Geld verdienen, mahnen deren Arbeitgeberverbände die Gewerkschaften zu Lohnmäßigung. Nichts ist langwieriger als fairer Ausgleich der Interessen. Vertrauen zu bilden ist zeitraubend und kostspielig. Deshalb wird das Dringlichkeitsrecht des Stärkeren angewandt.

Man brauche eine Elite, klingt vielstimmig der Kehrreim: Zu dem heiklen E-Wort stehe man, beteuern Manager-Runden. Doch eine Elite, die diesen Namen verdient, will Vorbild sein, denkt langfristig, bescheidet sich. Stattdessen wirkt oft ein Selbstbedienungskartell: Die Aufsichts- oder Verwaltungsräte, die die Managerbezüge festlegen, sind meistens selbst Manager – in anderen Konzernen. Wer da die Kollegen bedenkt, denkt an sich selbst. Das trägt nicht zur Gehaltsmäßigung auf hohen Etagen bei. Die Finanzkrise ist auch eine Elitekrise.

Die «Herren der Welt» ließen sich aber nicht beirren, als die demokratische Öffentlichkeit aufwachte und die Vergütungsexzesse geißelte. Weniger mit Argumenten als mit Macht verteidigten die Spitzenverdiener ihren Besitzstand, bis der Krach sie vorübergehend entwaffnete. Aber Abrakadabra, kaum schmilzt der Bonus, schnellt das Gehalt empor. Kaum erholt sich die Börse, erhöht sich der Bonus wieder. Der große Ökonom Joseph A. Schumpeter vermutete schon 1947, der Kapitalismus sei «in Tat und Wahrheit eher das letzte Auflösungsstadium dessen, was wir Feudalismus genannt haben».

Selbst die Finanzfürsten des New Yorker Versicherungskonzerns AIG (American International Group), der gut 180 Milliarden Dollar Staatshilfe entgegennahm, bequemten sich nur unter Zwang zu Abstrichen: Das war Machtverblendung und Realitätsverlust. Seit den 1990er Jahren hatte AIG gezockt und sich schließlich verzockt, tagaus, tagein im Geschwindigkeitsrausch. «Doch kann man wirklich im Hier leben, wenn alles Jetzt ist?», fragt Paul Virilio, der französische Philosoph der Langsamkeit und Autor von *Rasender Stillstand*.

Es ist ein Grundmuster der Wirtschaftsgeschichte, dass Finanzleute leicht abheben, während Industrielle auf dem Boden der Tatsachen bleiben. Hersteller brauchen langfristige Darlehen, Banken horten eher kurzfristiges Geld, denn der Einleger mag sein Konto schnell räumen. Die Unternehmer bleiben eine Zeitlang bei ihrer Strategie, die Börsianer steigen ein und aus. Güter sind träge, Geld ist flink.

Die beiden Forscher Carmen M. Reinhart von der University of Maryland und Kenneth S. Rogoff von Harvard, ein früherer Chefökonom des Internationalen Währungsfonds, haben die einundzwanzig wichtigsten Bankenkrisen seit 1899 untersucht. Ihr Fazit: Die Krisenmuster gleichen einander. Börse und Immobilienmarkt schlingern jeweils sechs bis acht Jahre. Die Zahl der Arbeitslosen steigt im Schnitt um sieben Prozent und sinkt nach etwa vier Jahren. Die Produktion fällt um rund zehn Prozent, erholt sich aber rasch. Die Staatsverschuldung schnellt empor, im Schnitt um fast neunzig Prozent – aber nicht so sehr wegen der Hilfen an die Banken, sondern wegen des Einbruchs der Steuereinnahmen. Und, so der Befund der beiden Wirtschaftshistoriker: Wo kräftig liberalisiert wird, häufen sich Blasen und Finanzkrisen.

Im Zeitalter der Beschleunigung sind die zwei größten Börsenblasen von schlechtgeerdeten Bankern und Internet-Profis aufgepumpt worden, deren Gewerbe darin besteht, die menschliche Phantasie – auch die eigene – zu bedienen. Sowohl bei der «Subprime»-Blase von 2007 als auch bei der «New-Economy»-Blase war der Realitätsverlust zur Doktrin schlechthin erhoben worden. Es hieß, die im World Wide Web beheimatete «neue Wirtschaft» gehorche ganz anderen Gesetzen als die althergebrachte, die «Old Economy». Die Finanzleute durften bislang strengverbotene Wege gehen und aus allem oder nichts Wertschriften machen. Die meisten Papiere sind nicht faul geworden, sie waren es von Anfang an.

Zum Beispiel: Kunterbunt bündelt eine Bank ihre Forderungen aus mehreren Krediten (die sie guten und weniger guten Kunden gewährt hat) zu einem heterogenen «Forderungspaket». Dieses Sammelsurium «verbrieft» sie: Sie macht daraus Wertpapiere, die sie weltweit als vielversprechende «strukturierte Finanzprodukte» verkauft. Indem die Bank ihr undurchschaubares Gemisch von Forderungen versilbert, kommt sie rascher zu neuem Geld, als wenn sie darauf wartet, dass ihre Schuldner die ausstehenden Kredite tilgen. Und mit dem frischen Geld macht sie sogleich neue verwegene Geschäfte, da ja auch diesmal das Risiko nicht bei der Bank verbleibt, sondern unter die einfältigen Kunden breit verteilt wird – das jedenfalls meinten viele Banker. Solche und ähnliche, wesentlich ausgefeiltere «Produkte» seien «Massenvernichtungsmittel», sagte schon 2003 der zweitreichste Mann der Welt, Warren Buffett, Großanleger und einsame Stimme des gesunden Menschenverstands, die freilich verhallte. Der ehemalige Kapitalmarktchef der (mittlerweile von der Commerzbank übernommenen) Dresdner Bank, Jens-Peter Neumann, rechtfertigte sich nachträglich: «Wissen Sie, was passiert wäre, wenn ich in den guten Zeiten gesagt hätte, diese Papiere sind gefährlich? Man hätte mich rausgeschmissen.»

Dahinter stand die Diktatur der kurzen Frist, deren Untertanen sich «Masters of the Universe» nannten. In einem Essay kurz vor seinem Tod beschwor Ralf Dahrendorf: «Ein neues Verhältnis zur Zeit in Wirtschaft und Gesellschaft ist der zentrale Mentalitätswandel, der aus der Krise hervorgehen könnte.» An solche Verlangsamung mag der Philosoph Virilio nicht glauben. Neben der herkömmlichen Volkswirtschaftslehre bedürfe es künftig einer Ökonomie der Geschwindigkeit, um das Geschehen zu fassen. In der Tat ist es ein epochaler Widerspruch, dass fast gleichzeitig der Gedanke der Nachhaltigkeit und das hektische Quartalsdenken in den Konzernen aufkamen: die Überzeugung, dass Politik und Wirtschaft sehr langfristig angelegt sein sollten, und der Zwang, von Vierteljahr zu Vierteljahr einen höheren Gewinn auszuweisen. Die beiden konträren Denkmuster nisten oft in denselben Köpfen. Als besonders nachhaltig – durch alle Umbrüche und Epochen hindurch – erweist sich aber die Gier, deren Verhängnis der französische Essayist und Politiker Michel de Montaigne im Jahr 1572 aufzeigte: «Die Heftigkeit und Wucht des Begehrens behindert die Ausführung dessen, was wir unternehmen, mehr als sie es fördert. Wir betreiben die Sache nie gut, von der wir besessen und umgetrieben sind.»

FAZIT 4

Ein stabiler Kapitalismus

- verbietet die Spekulation, wo sie viel Schaden stiftet;
- erdet die Geldhäuser, indem er ihnen viel Eigenkapital abverlangt und sie mithaften lässt, wenn sie Risiken auf ihre Kunden abwälzen;
- bestraft massiv Gehalts- und Bonusexzesse;
- schafft Anreize für nachhaltige Firmenstrategien, namentlich durch Steuerrabatte auf Gewinne, die wieder ins Unternehmen fließen, und durch Vorgaben für langfristig ausgerichtete Bonus-Systeme.

DER NEUE RAHMEN

Never waste a crisis»: Eine Krise soll man nicht vergeuden, sondern ihre Dynamik nutzen. Die Floskel von der Krise als Chance mag niemand mehr hören. Aber dass es erfolgreiche und «gescheiterte» Krisen gibt, sah schon 1870 der Kulturhistoriker Jacob Burckhardt. Oft in der Geschichte hätten Kalamitäten «die Luft mit sehr langem und intensivem Lärm erfüllt, ohne jedoch vitale Umgestaltungen mit sich zu führen». Und: «Das bleibende Resultat erscheint gering im Vergleich zu den hohen Anstrengungen und Leidenschaften, die während der Krisis zutage getreten sind. (…) Unglaublich ist dann die Ernüchterung.»

Wie solche Ernüchterung vermeiden? Was lernt unser globales Dorf aus seiner Krise? Gegenwärtig wächst die Sorge, ein Teil der Finanzwelt sei nicht nur unbelehrbar, sondern auch unbezwingbar und werde früher oder später eine zweite, größere Katastrophe auslösen – wie lässt sich dies abwenden? Schwierig ist es, aus der Krise allgemein die richtigen Schlüsse zu ziehen, noch schwieriger, konkret eine neue Marktordnung zu entwerfen, am schwierigsten, diese Marktordnung gegen den Widerstand der Banken durchzusetzen. Die Regierungen werden den

Machtkampf mit dem wieder auftrumpfenden Geldadel verlieren, solange sie lediglich disparate Einzelmaßnahmen treffen. Sie brauchen eine Gesamtvorstellung des Rahmens, den sie der Wirtschaft setzen möchten. Das fängt mit einer Frage an, die so elementar ist, dass sie fast nie gestellt wird: Welchen Kapitalismus wollen wir? Den Kasinokapitalismus gewiss nicht länger. Wie aber soll sein Nachfolger aussehen? Am Reißbrett lässt er sich nicht entwerfen. Anders als der Kommunismus, den Karl Marx und andere als System «erfanden», ist der Kapitalismus keine Kopfgeburt.

Die meisten Kulturen kennen – schwach oder stark ausgeprägt – das private Eigentum und eine Art Markt. Der eigentliche Kapitalismus begann sich zu entfalten, als spätmittelalterliche Kaufleute viele Dukaten brauchten, um ihre Geschäfte bis nach China auszudehnen – aus Handelshäusern in Florenz, Venedig oder Genua wurden allmählich Geldhäuser. Noch mehr Kapital benötigten die ersten Industriellen, um ihre Maschinen und die Märkte auf Touren zu bringen. In den Städten hatten bis dahin die Zünfte eine straffe Zuteilungswirtschaft geführt: Sie bestimmten, wie viele Müller und Bäcker, Baumeister und Zimmerleute, Krämer und Schneider zugelassen wurden. Die absolutistischen Monarchen neigten ihrerseits zu einer fatalen «Schutzwirtschaft», dem Merkantilismus: Sie erhoben hohe Zölle, um die Einfuhren zu behindern und Überschüsse im Außenhandel zu erzielen; so wollten sie Hof und Armee finanzieren. Doch bald verdrängten Kraft und Masse des Kapitals diese Systeme. Adam Smith und andere Vordenker haben den Aufstieg des Kapitalismus mehr begleitet als bestimmt, sie wurden von der Realität getragen.

Heute können diejenigen, die an einen anderen Kapitalismus denken, nur dann auf seine Entwicklung einwirken, wenn die Wirklichkeit nicht mehr trägt: wenn Krisen ausbrechen. Die Ökonomie war zuletzt eine demütige Wissenschaft; sie half Regierungen und Notenbanken, das Räderwerk der Volkswirtschaft zu ölen, damit es in Schwung bleibe. Volkswirte stritten darüber, wie die Maschinerie am besten zu warten sei. Die Krise aber hat grobe Konstruktionsfehler aufgezeigt: Nun muss es um Umbaupläne gehen, an denen allerdings die Marktmächtigen wenig Interesse nehmen. Nach ultraliberaler Meinung sollte ohnehin niemand versuchen, die Maschine zu steuern. Ist die Ökonomie eine fatalistische Wissenschaft?

Ökonomie stammt von *oikos* und *nomos* ab, griechisch für das Haus und seine Gesetze. Das Fehlschlagen marxistischer Experimente hat die an sich vernünftige Vorstellung diskreditiert, eine Volkswirtschaft ließe sich ähnlich wie ein privater Haushalt oder das Gemeinwesen wenigstens teilweise bewusst gestalten. Seither gilt Systemkritik von vornherein als antikapitalistisch, «achtundsechzigerisch» oder naiv. Zwar erhielt der unbequeme Harvard-Ökonom Amartya Sen 1998 den Nobelpreis. Aber am Schluss greifen dann doch nur belächelte «Gutmenschen» und die ohnmächtige Versammlung der Vereinten Nationen seine Botschaft auf. Der im Armenhaus Westbengalen geborene Sen sagt: Das eigentliche (und durch die Krise verschärfte) Problem des Welthungers ist, dass man ihn hinnimmt, statt ihn in den Mittelpunkt der Ökonomie zu stellen. Die Weltwirtschaft erfüllt ihre Kernaufgabe nicht, nämlich alle Menschen zu ernähren.

Zwei Vorstellungen prallen hier aufeinander. Anwälte des herkömmlichen Kapitalismus meinen, die Wirtschaft habe Produkte herzustellen und sie den Kaufkräftigen zu verkaufen, während Staatsaufgabe nur sei, bei Bedarf die Mittellosen zu unterstützen, ihnen Zugang zu wichtigen Gütern und Dienstleistungen zu verschaffen. Demgegenüber Amartya Sen: «In der Volkswirtschaftslehre geht es nicht nur um Einkommen und Besitz, sondern auch um die Frage, wie man diese Ressourcen für wichtige Ziele sinnvoll einsetzt. Dazu gehört vor allem ein langes und menschenwürdiges Leben.»

Laut ultraliberaler Denkschule ist allen am besten gedient, wenn der Markt nur seiner Logik folgt, seine vitale Eigendynamik ausreizt. Der Staat wiederum soll sich (mehr oder weniger) um die Verlierer kümmern, die aus bitterer Armut überhaupt nie am Markt teilhaben konnten oder als leistungsschwache Marktteilnehmer ausgeschieden sind.

Der Markt agiert, der Staat repariert – ein bisschen.

Ganz anders sieht dies der deutsche Rechtsphilosoph und frühere Verfassungsrichter Ernst-Wolfgang Böckenförde. In der *Süddeutschen Zeitung* kritisierte er, alles habe sich dem kapitalistischen Prinzip – «Gewinnerzielung, Kapitalvermehrung, Produktions- und Produktivitätssteigerung, Selbstbehauptung und Ausdehnung am Markt» – unterzuordnen. Der arbeitende Mensch verkomme in dieser Sicht zum «Funktionsträger und Kostenfaktor». Ihn durch Maschinen und Technik zu ersetzen, erscheine «rational und ökonomisch geboten».

Solche Marktlogik schafft unweigerlich soziale und ökologische Probleme, die das Gros der Wirtschaftsführer dann gern dem Gemeinwesen überantwortet. Der ultraliberale Markt will Freiheit ohne Verantwortung. Ob aber Ernst-Wolfgang Böckenförde oder Amartya Sen, letztlich denkt jeder Reformer des Kapitalismus an einen Markt, der «eigenverantwortlich» wäre. Das bedeutet

- einen Marktplatz, auf dem ökologische und soziale Ziele ebenso viel gelten wie das Gewinnziel;
- ein System, das den Eigennutz nutzt, aber eingrenzt;
- Eigentumsverhältnisse, die bewusst die Interessen der Individuen und des Gemeinwesens verbinden;
- Volkswirtschaften, die etwas weniger Dynamik entfalten und weniger wachstumssüchtig sind, dafür aber ausgeglichener und krisenfester;
- ein gleichrangiges Verhältnis von Kapital und Arbeit;
- eine Wirtschaft nicht als Selbstzweck, sondern als Mittel zum Zweck der Wohlfahrt auf Generationen hinaus.

Das wären Grundeigenschaften eines anderen Kapitalismus. Die Reformkräfte allerdings legen keinen «Masterplan» vor – wie auch sollten sie: Anders als einst die vermessenen Marxisten wollen sie kein neues System ersinnen, sondern das bestehende wesentlich weiterentwickeln. Doch trotz Krise stößt jede Tendenz einer neuen

Marktlogik auf verbissene Gegenwehr, denn sie gefährdet den Besitzstand der Wort- und Wirtschaftsführer. Diese ahnen: Ein anderer Kapitalismus ruft nach neuen, aufgeklärten Spielmachern und nach neuen, für sie höchst unbequemen Spielregeln.

An die derzeit geltenden Spielregeln haben wir uns so sehr gewöhnt, dass sie als Naturgesetze erscheinen. Das sind sie aber nicht. Es gibt durchaus Skizzen und Umbaupläne für einen anderen Kapitalismus, im Folgenden werden vier ausführlicher erörtert. Es lohnt sich, diesen vier Überlegungen zu folgen – gerade weil sie heutigen Denkmustern widersprechen und man sie leichtfertig als unrealistisch abtun könnte.

Wer nach einem anderen Kapitalismus forscht, muss bei dessen Grundlagen ansetzen: dem Eigentum, dem Gegensatz zwischen Kapital und Arbeit – und dem Geld.

EIN ANDERES EIGENTUM

Ernst-Wolfgang Böckenförde, der große alte Mann unter den deutschen Staatsdenkern, will die Spielanlage ganz umdrehen, Privateigentum umdefinieren: «Gewiss können dem System des Kapitalismus durch Staat und Recht von außen Grenzen gezogen und Regulierungen auferlegt werden, die Auswüchse und nicht hinnehmbare Folgen eindämmen, so weit die staatliche Ordnung dazu die Kraft hat, die ja ihrerseits auf eine Wachstum hervorbringende Wirtschaft angewiesen ist. Das geschieht auch in gewissem

Umfang. Aber es bleibt, so weit es gelingt, eine Korrektur am Rande.» Böckenförde fährt fort: «Woran krankt also der Kapitalismus? Nicht allein an seinen Auswüchsen, nicht an der Gier und dem Egoismus von Menschen, die in ihm agieren. Er krankt an seinem Ausgangspunkt», nämlich an der Unterstellung, es sei ein natürliches Recht des Menschen, immer mehr Geld zu erwerben – selbst wenn er das Gemeinwesen und dessen Zukunft belastet. «Deshalb kann die Krankheit auch nicht durch Heilmittel am Rand beseitigt werden, sondern nur durch Umkehrung des Ausgangspunktes.» Ein neuer Rahmen müsse auf dem Gedanken gründen, «dass die Güter der Erde, das heißt Natur und Umwelt, Bodenschätze, Wasser und Rohstoffe, nicht denjenigen gehören, die sie sich zuerst aneignen, sondern zunächst allen Menschen gewidmet sind, zur Befriedigung ihrer Lebensbedürfnisse und der Erlangung von Wohlfahrt».

Diese grundlegend andere Leitidee für den Kapitalismus besagt: Im philosophischen Sinn ist privates «Eigentum» nur geliehen; wer es nutzt, hat sich nach dem Gemeinwohl zu richten. Marktteilnehmer müssen sich von vornherein solidarisch verhalten, was den Staat entlastet. Er muss nicht mehr als Krankenhaus die Opfer des Kapitalismus aufnehmen und als Reparaturbetrieb die Schäden an der Natur (oder am Finanzsystem) kostspielig beheben. Und: Steht das Kapitaleigentum nur «leihweise» zur Verfügung, wird sein Gegenstück aufgewertet – die Arbeit.

Anders gesagt: Eigentum soll mehr verpflichten, als es das heute tut. Beispielsweise indem ein Pharmahersteller sein geistiges Eigentum, etwa das Patent auf ein Heilmittel gegen Aids, in den ärmsten Ländern zum Selbstkostenpreis verkauft. Man mag Böckenförde als weltfremd belächeln, doch einiges deutet darauf hin, dass die Entwicklung ihn bestätigen könnte. Im selben Maß, in dem sich frische Luft, Wasser und überlebensnotwendige Ressourcen verknappen, dürfte sich der Eigentumsbegriff öffnen – nicht revolutionär, sondern im Sinn des deutschen Grundgesetzes, dessen Hüter Böckenförde war. Artikel 14 besagt zum Eigentum: «Sein Gebrauch soll dem Wohl der Allgemeinheit dienen.»

Möglich ist freilich auch das gegenteilige, gewalttätige Szenario: Im Verteilungskampf um knappe Ressourcen, deren Wert unaufhaltsam steigt, wachsen sowohl die Begierde als die Überlebensnotwendigkeit, sich immer mehr «Güter der Erde» auf Kosten der Mitmenschen privat anzueignen, allen voran das Wasser. Das Feld dessen, was Privatbesitz sein darf, würde sich immerfort ausdehnen. Politische Konflikte und Kriege wären die Folge.

Einen engeren Ansatz als Böckenförde verfolgt ein Wachstumskritiker der ersten Stunde, Hans Christoph Binswanger. Der langjährige Ökonom an der Universität St. Gallen will weniger das Verständnis von Eigentum als vielmehr die Gestalt des Eigentümers ändern. Ironisch fragt er, ob sich der Kapitalismus «Aktiengesellschaften in ihrer heutigen Form noch leisten kann». Die AG fördere die Spekulation, weil sie vor allem darauf abziele, den Wert ihrer Aktien zu steigern. Der eigentliche Zweck einer Firma sei aber nicht, «möglichst viel Gewinn zu erwirtschaften, sondern Produkte bereitzustellen». Deshalb seien Stiftungen mit ihrem langen Atem die klügeren Eigentümer. Sie schütten keine Dividenden aus, und sie brauchen Stabilität, denn im Vordergrund steht die dauerhafte Erfüllung des vom Stifter festgelegten Zwecks. Stiftungen meiden das schnelle Geld, das hohe Risiken birgt. Da sie keinen Grund zur Gewinnmaximierung hätten, so Binswanger, könnten sie «die Wachstumsspirale bremsen, das Wirtschaftswachstum auf tiefem Niveau halten. So würde die Wirtschaft ökologisch verträglicher, weniger krisenanfällig – und gerechter, weil es keine Grundlage für exorbitante Einkommen mehr gäbe.»

Die Realität scheint Binswangers Hoffnung Lügen zu strafen. Der deutsche Medienriese Bertelsmann, ein auf Wachstum gedrillter Konzern, gehört der Gütersloher Bertelsmann Stiftung, die ihrerseits als «Denkfabrik des Neoliberalismus» umstritten ist. Den Schweizer Einzelhandel beherrschen die stiftungsähnlichen Genossenschaften Migros und Coop, die nicht sehr anders agieren als Aktiengesellschaften an der Börse. Die Marktführerin Migros verkörpert einerseits das «soziale Kapital», sie wendet ein Prozent ihres Umsatzes für gemeinnützige Zwecke (oder PR) auf und zahlt Managern wie kleinen Mitarbeitern vernünftige Löhne. Andererseits ist diese Großgenossenschaft dafür berüchtigt, Lieferanten und Konkurrenten ungemein hart anzufassen, obschon sie «ein klein wenig anders sein will» als Aktiengesellschaften.

Bertelsmann oder Migros sind freilich Einzelfälle mitten

in einem börsenkapitalistischen Umfeld und stehen deshalb unter Anpassungszwang. Würden alle Konzerne als Stiftungen oder Genossenschaften geführt, sähe der Kapitalismus in der Tat «ein klein wenig anders» aus. Doch Stiftungen brauchen Stifter, und selten haben Genossenschaften zahlungskräftige Genossenschafter: Woher käme das Eigen- und Startkapital für neue Konzerne? Müssten sie jede Erhöhung dieses Kapitals selbst erwirtschaften, aus ihrem Gewinn beziehen? Sie wären umso stärker auf Darlehen der Banken (die allerdings selbst Stiftungen oder Genossenschaften wären und ebenfalls wenig Eigenkapital hätten) und auf private Kreditgeber angewiesen.

Ein solcher Kapitalismus würde, wie es sich Binswanger wünscht, gemächlicher wirtschaften: Angesichts begrenzter natürlicher Ressourcen möchte der Ökonom das Wachstum auf höchstens 1,8 Prozent pro Jahr drosseln. Doch wer würde – mit welcher Legitimation – in die Stiftungsräte kooptiert oder gewählt, um die Wirtschaft zu lenken? Wer wäre befugt, Stiftungsräte abzusetzen? In Stiftungen und Genossenschaften ist die Gefahr eher noch höher als in börsennotierten AGs, dass das Management sich selbst kontrolliert und eigenmächtig wird, da es gar keiner Öffentlichkeit Rechenschaft schuldet.

EINE ANDERE DEMOKRATIE

Hier rücken vergessene, verdrängte Gedanken eines anderen St. Galler Professors wieder ins Blickfeld: Ota Šik war 1968 während des «Prager Frühlings» stellvertretender Ministerpräsident der damaligen Tschechoslowakei und Architekt der Wirtschaftsreformen, die der Kreml als «Restauration des Kapitalismus» wertete. Als im August 1968 die Soldaten des Ostblocks in Prag einmarschierten, hielt sich der Marktwirtschaftler Šik gerade in Jugoslawien auf. Das Land experimentierte damals mit Unternehmen, die von ihren Mitarbeitern verwaltet wurden: ein Versuch, den Gegensatz zwischen Kapital und Arbeit aufzuheben – für Šik ein Leitmotiv. Bald emigrierte der Ökonom in die direktdemokratische Schweiz und forschte in St. Gallen über eine «humane Wirtschaftsdemokratie». Er starb 2004.

Ota Šik schwebte ein Nebeneinander privater Kleinfirmen und großer «Mitarbeitergesellschaften» (MAGs) vor, deren Kapital der Belegschaft gehört. Die Mitarbeiter wären am Gewinn und am Gespräch über die beste Organisation beteiligt, überdies wählten sie den Aufsichts- oder Verwaltungsrat. In mittleren Unternehmen hätten sich Mitarbeitereigentümer und private Eigentümer zu verständigen. Šiks Vision geht aber weit über ein Miteigentum und eine Partizipation der Arbeitnehmer hinaus: Das Volk soll über die Wirtschaftspolitik entscheiden. Fachausschüsse mit Vertretern maßgeblicher Interessengruppen würden wirtschaftspolitische Varianten zur Diskussion stellen: Sollen in der jeweiligen Konjunktur die MAGs den Mitarbeitern viel Gewinn ausschütten oder den Erlös eher für Investitionen ins Unternehmen verwenden? Sollen Gewinn-, Lohn- oder Mehrwertsteuer steigen oder sinken? Soll der Staat sparen oder Geld ausgeben bzw. umverteilen? Die Wirtschaftsbürger würden nach einer breiten Debatte über zwei, drei Maßnahmenpakete und entsprechende Richtwerte abstimmen. Überdies erwog der vorausschauende Ota Šik eine Strafsteuer für überrissene Gewinne, die auf eine Monopolstellung oder auf zu hohe Risikobereitschaft deuten. Mit dem Geld könne der Staat Neugründungen fördern.

Umfassende Mitverantwortung aller Arbeitnehmer und weitgehende Wirtschaftsbürgerrechte statt der wirkungsarmen deutschen Mitbestimmung oder der verantwortungslosen Bonus-Partizipation à la Wall Street: Das in den 1970er Jahren entworfene, von der Schweizer Demokratie beeinflusste Modell ist vier Jahrzehnte später und vor dem Hintergrund der Krise weniger utopisch, als es auf den ersten Blick scheint. Eine stärkere Mitsprache des Volks drängt sich auf, nachdem die Finanzelite versagt hat. Ohne politischen Reformen wird es keinen anderen Kapitalismus geben.

Doch genau das bedeutet gleichzeitig und zum Glück, dass es *den* einen und einzigen Kapitalismus nie geben wird, hat doch jedes Land seine althergebrachte politische Kultur. Welten trennen den amerikanischen und den japanischen Kapitalismus, das dänische und das chinesische Modell, den britischen Wirtschaftsliberalismus und Frankreichs Dirigismus, die russische Machtwirtschaft und die soziale Marktwirtschaft westeuropäischer Prägung. Die

USA taugen nicht mehr zum großen Vorbild. Die vielen asiatischen Wege würden uns Europäer nirgendwohin führen. Die Medien haben einst Japan gepriesen, als es auftrumpfte, dann die fernöstlichen Tiger-Staaten, als sie blühten, und schließlich die Volksrepublik China, als der Boom die Gewaltherrschaft der KP notdürftig kaschierte. Europa muss auf seine Stärken und Tugenden bauen. Wer den Wettbewerb hochhält, wird die Konkurrenz der verschiedenen Vorstellungen von Kapitalismus ohnehin begrüßen.

EIN ANDERES GELD

Wie der Name sagt, dreht sich Kapitalismus um das Kapital – wider den «Laborismus» eines Karl Marx und der katholischen Soziallehre, die der Arbeit den Vorrang einräumen. Einige Reformer wollen den Hebel beim Nerv des kapitalistischen Systems ansetzen: beim Geld. Da ist einerseits die alte Freigeld- oder Schwundgeld-Theorie, andererseits die neuere Vollgeld-Theorie. Beide möchten verhindern, dass das weltweite Geldvermögen ungleich schneller wächst als die Produktion von Gütern: dass sich die Finanz von der realen Wirtschaft abkoppelt.

Das umstrittene Schwundgeld-Modell geht auf den französischen Anarchisten Pierre-Joseph Proudhon und den deutschen Sozialreformer Silvio Gesell zurück, beschäftigte aber auch einen der einflussreichsten Ökonomen des 20. Jahrhunderts, John Maynard Keynes. Statt ihr Geld langfristig anzulegen, Immobilien zu kaufen, sich an Unternehmen zu beteiligen und damit die Volkswirtschaft voranzubringen, ziehen es viele Menschen vor, liquide zu bleiben und ganz kurzfristig zu spekulieren. Das allzu flüssige Geld kann Blasen bilden, die früher oder später platzen. Deshalb solle der Staat eine Art «Nutzungsgebühr» auf flüssiges Geld erheben, welches sich somit automatisch entwerte, solange es nicht produktiv angelegt werde.

Keynes dachte seinerseits darüber nach, anstelle des Dollars eine künstliche Recheneinheit, die er «Bancor» nannte, als Weltwährung einzurichten. Wenn ein Land mehr exportiere als importiere, solle es auf seinen Überschuss in der Handelsbilanz – seinen Überschuss an «Bancors» – eine Abgabe zahlen. Der «Bancor» wäre damit ebenfalls zur Schwundwährung geworden, die niemand hortet. Keynes wollte damit unverbesserliche Überschussländer wie das heutige Deutschland oder China abschrecken und auf diese Weise ein Gleichgewicht im Welthandel erzwingen. Auch Devisenspekulanten hätten keine Freude am schwindsüchtigen «Bancor» gehabt, was zur Stabilität der Wechselkurse beigetragen hätte. Doch seine Idee setzte sich im August 1944 bei den Verhandlungen über ein neues Weltwährungssystem im Ausflugsort Bretton Woods nördlich von Boston nicht durch.

Mit teilweise ähnlicher Absicht neigen andere Ökonomen zur «Vollgeld»-Idee des Wirtschafts- und Umweltsoziologen Joseph Huber von der Universität Halle-Wittenberg.

Seine mehrschrittige Überlegung ist komplex und eingängig.

Erster Schritt: Ein 500-Euro-Schein ist bekanntlich nichts anderes als eine Forderung von 500 Euro an die staatliche Notenbank. Bildlich gesprochen: Der violette Schein ist die Quittung für eine «Einlage» von 500 Euro bei der Europäischen Zentralbank (EZB).

Zweiter Schritt: Wer die 500 Euro auf sein Konto bei einer privaten Bank einzahlt, hat gemäß heutiger Praxis nicht länger eine Forderung an die Notenbank, sondern an die private Bank. Mit den 500 Euro und weiteren Einlagen ihrer Kunden gewährt diese Geschäftsbank Kredite. Die Kreditnehmer ihrerseits deponieren das erhaltene Geld ebenfalls auf ihrem Bankkonto für den Zahlungsverkehr. Damit beginnt der Geldkreislauf von vorn: Laufend schaffen die privaten Banken neues Geld. Dreht sich die Spirale zu schnell, entsteht dermaßen viel «Buchgeld», dass sich – siehe oben – Blasen bilden.

Dritter Schritt: Gemäß Vollgeld-Theorie würde eine Bankeinlage von 500 Euro nicht mehr wie heute als Forderung des Kunden an seine Bank gelten: Der Kunde bliebe direkter Eigentümer der 500 Euro, er hätte also nach wie vor eine Forderung an die staatliche Notenbank, eine «Einlage» bei der EZB. Deshalb dürfte die private Bank auch nicht über die 500 Euro verfügen, um Kredite zu gewähren und so neues Geld zu schöpfen; sie könnte lediglich als Dienstleisterin den Zahlungsverkehr abwickeln. Wollte sie die 500 Euro zur Mitfinanzierung eines Kredits verwenden, müsste sie die EZB – bei der im juristischen Sinn diese

500 Euro deponiert sind – um Erlaubnis fragen. So könnte die Europäische Zentralbank die Menge des Gelds, das in Umlauf ist, besser kontrollieren und jeder Blasenbildung zuvorkommen.

Vierter Schritt: Woher aber kommt der Name Vollgeld? Im neuen System müsste jeder Kredit, den eine private Bank gewährt, durch die Notenbank voll gedeckt werden. Die Geschäftsbank könnte nur so viel Kredit vergeben, wie sie von der Notenbank erhalten hat. «Dadurch erhielten die Zentralbanken mehr Verantwortung», erklärt Hans Christoph Binswanger.

Einige Ultraliberale schreiben nun aber gerade der US-Zentralbank Federal Reserve, die Unmengen Geld in die Volkswirtschaft gepumpt habe, die Schuld an der Finanzkrise zu. Deshalb ziehen sie den umgekehrten Schluss, Zentralbanken müssten entmachtet und die Geldschöpfung vollends privatisiert werden; der Markt solle sich dank der Geldschöpfung durch die Geschäftsbanken selbst mit Geld versorgen – für den Wachstumskritiker Binswanger eine ungemütliche Vorstellung. Er will die Rolle des Gelds einschränken: aus Furcht, dass bald «alle (noch) nicht in den Geldprozess einbezogenen Tätigkeiten der Menschen und die Bereiche der Natur, die (noch) nicht als wirtschaftliche Ressourcen verwertet wurden», nach und nach ebenfalls kommerzialisiert werden. «Wachstum verlangt weiteres Wachstum.»

EIN ANDERER MASSSTAB

Das Gedeihen eines Systems verdankt sich aber nicht allein seiner Mechanik, selbst wenn diese revidiert wird. Ein System lebt von seinem Zweck, und der kapitalistische Zweck ist bislang die Mehrung des Kapitals, mit viel Kollateralnutzen und viel Kollateralschaden. Die herrschende Meinung besagt: «It's the economy, stupid!» – ohne Wirtschaft laufe nichts, Grundvoraussetzung sei es, Kapital zu haben. Aber wofür? Was ist ein Kapitalismus, der das von Amartya Sen formulierte Anliegen bestenfalls als Nebenzweck und oft gar nicht verfolgt, nämlich dass alle Zeitgenossen «ein langes und menschenwürdiges Leben» leben, auch im Süden und auch in der Unterschicht.

Amartya Sen: «Dieses Ziel bleibt unbeachtet, wenn man den wirtschaftlichen Erfolg einer Nation nur an den traditionellen Indikatoren (*Messgrößen*) für materiellen Lebensstandard misst; das Gesamtbild einer Volkswirtschaft gewinnt erst präzise Konturen, wenn man ihre Fähigkeit bewertet, das Leben zu verlängern und seine Qualität zu steigern.» Der Ökonom hat deshalb Ende der 1980er Jahre den Human Development Index der Vereinten Nationen veranlasst; diese Messziffer berücksichtigt die Kaufkraft pro Einwohner eines Lands, die Lebenserwartung bei der Geburt, die Quote der Lesekundigen unter den Erwachsenen und die Rate der Schüler, die sich in eine Schule einschreiben. Keine Reform, aber eine wesentliche Änderung des Maßstabs, an dem der Kapitalismus zu bewerten ist.

Einen weiteren Schritt taten 2008 Sen und ein anderer Nobelpreisträger, Joseph E. Stiglitz. Im Auftrag des französischen Staatspräsidenten Nicolas Sarkozy gründeten sie eine «Kommission zur Messung der Wirtschaftsleistung und des sozialen Fortschritts». Das mit 24 Wissenschaftlern bestückte Gremium forschte nach geeigneten Messgrößen für das, was das Bruttosozialprodukt (BSP) nicht berücksichtigt: die Lebensqualität und das nachhaltige Wirtschaften.

Das Bruttosozialprodukt (von den Ökonomen seit geraumer Zeit Bruttonationaleinkommen oder Bruttovolkseinkommen genannt) drückt den Marktwert der Güter und Dienstleistungen aus, die im Lauf eines Jahrs die Bevölkerung nachfragt. Was jedoch keinen Marktwert hat, wie die Arbeit im eigenen Haushalt, fällt unter den Tisch. Hingegen werden die Leistungen der öffentlichen Hand eher überbewertet. Ein Beispiel: Wird ein Krankenhaus schlecht geführt, ist die im BSP eingerechnete staatliche Subvention an dieses Krankenhaus höher als der Wert der von den Ärzten und Pflegern erbrachten Leistung.

Vor allem in Sachen Ökologie ist das Bruttosozialprodukt irreführend: Absurderweise steigt es «dank» einer Umweltkatastrophe, die aufwendige Sanierungs- und Wiederaufbauarbeiten nach sich zieht. Selbst der Erfinder des BSP in den 1940er Jahren, der US-Ökonom Simon Kuznets, hielt seine Schöpfung für «wissenschaftlich anrüchig». So war die Stiglitz-Sen-Kommission bestrebt, die Berechnung des BSP zu verbessern und andere, lebensnähere Indikatoren aufzuwerten, die das tatsächlich verfügbare Einkommen der Menschen und die Verteilung der Einkommen in der Gesellschaft messen.

Eine Zunahme des BSP bedeutet nämlich nicht automatisch eine bessere Lebensqualität im ganzen Land. Wie sauber bleiben bei starkem Wirtschaftswachstum Luft, Wasser, Umwelt? Wie entwickelt sich die Gesundheit der Bevölkerung? Wird wegen unbezahlbarer Mieten in den Städten ein beträchtlicher Teil der Freizeit fürs Pendeln zwischen Vorort und Arbeitsort aufgewendet und verkümmern dadurch soziale Kontakte? Sinkt das Wohlbefinden trotz wachsenden Wohlstands, weil die Ungleichheit in der Gesellschaft stoßend und die demokratische Teilhabe des einzelnen Bürgers illusorisch wird? Die Kommission schlug keinen allgemeinen Indikator der Lebensqualität vor. Sie empfahl einen Ausbau der Statistik, damit jeder «gemäß seiner Weltanschauung» die ihm wichtigen Daten zusammenstellen könne.

Auch enttäuschten die Ökonomen die Hoffnung, es lasse sich ein umfassender Indikator für nachhaltiges, umweltfreundliches Wirtschaften erarbeiten. Im Jahre 1987 hatte die von der norwegischen Politikerin Gro Harlem Brundtland geleitete Weltkommission für Umwelt und Entwicklung der Vereinten Nationen definiert, nachhaltig sei eine Entwicklung, «die den Bedürfnissen heutiger Generationen entspricht, ohne die Fähigkeit künftiger Generationen zu beeinträchtigen, ihre Bedürfnisse zu befriedigen». Dafür eine Messgröße zu finden sei «schwierig und konfliktbeladen», gestanden die von Joseph E. Stiglitz und Amartya Sen versammelten Fachleute. Ein

Indikator der Nachhaltigkeit müsse die künftige Entwicklung vorwegnehmen. Zukunft sei aber «fundamental ungewiss» und der technische Fortschritt voller Überraschungen.

Deshalb neigten die Volkswirte zu einem bescheideneren Ansatz. Er besteht darin, die Menge der jährlich verbrauchten natürlichen Ressourcen ins Verhältnis zu den vorhandenen Reserven zu setzen. Dafür gibt es eine Vielzahl von Methoden:

- Die anschaulichste, jedoch sehr ungefähre Kennziffer ist der «ökologische Fußabdruck». Er bezeichnet die Fläche auf der Erde, die bei heutiger Produktionsweise nötig ist, um Lebensstandard und Lebensstil eines Menschen dauerhaft zu sichern: seine Nahrung, seine Kleider (etwa aus Baumwollfeldern oder Weiden für Wolltiere), seinen Energieverbrauch, seinen Wohnraum, aber auch den Platz, um seinen Müll zu entsorgen und das durch seine beruflichen und privaten Aktivitäten freigesetzte Kohlendioxid zu binden.

- Anspruchsvoll ist die «Genuine-Savings»-Methode («echtes Sparen»). Von den Ersparnissen einer Bevölkerung zieht man den Wert der verbrauchten natürlichen Ressourcen und den Gegenwert der Umweltschäden ab – weil hier die Reserven der Natur abgebaut wurden. Hingegen zählt man den Aufwand, um etwa dank Bildung und Ausbildung «menschliche Ressourcen» aufzubauen, hinzu – weil damit neue Reserven entstanden sind. So lässt sich ermitteln, ob eine Volkswirtschaft wirklich gespart und Reserven angelegt hat oder ob sie

von der Substanz lebt. Das läuft auf eine «grüne volks-
wirtschaftliche Gesamtrechnung» hinaus.

Trotz aller Versuche, neue Maßstäbe zu setzen, bleibt vor-
derhand das Bruttosozialprodukt die gebräuchliche, falsche Elle. Die ganze Welt hält am BSP fest, weil die Alternativen komplex und unausgereift sind – und weil noch
immer das quantitative Denken vorherrscht. Allerdings
bröckelt es, wo doch ein konservativer französischer Präsident nach neuen Wegen sucht.

Auch Sarkozy erkennt: Zu regeln ist nicht nur die Wirtschaft, sondern zunächst, was sie erreichen soll. Welche
Ziele haben Vorrang? Diese Entscheidung ist eine politische. Und deswegen sollte sich die ökonomische Wissenschaft wieder so nennen, wie sie einst hieß: Politische
Ökonomie (den Ausdruck prägte 1615 der französische
Volkswirt Antoine de Montchrétien).

Die heutige, gar nicht so selbstverständliche Auffassung
von Eigentum; der Vorrang des Kapitals vor der Arbeit;
der Primat der Wirtschaft über den Staat – sie alle spiegeln
hochpolitische Wertvorstellungen. Jede Marktordnung ist
Ausdruck einer Weltanschauung: «Die Wirtschaft kann
nur so gerecht sein wie das kulturelle Wertsystem, als
dessen Teil sie sich fühlt», schrieb Daniel Bell. So war vor
250 Jahren der Schotte Adam Smith, Begründer der klassi-
schen Volkswirtschaftslehre, in erster Linie ein Moralphi-
losoph, der eine «Theorie der ethischen Gefühle» vorlegte,
und bloß in zweiter Linie ein Ökonom, der über den «Wohlstand der Nationen» schrieb. Nicht einmal Adam Smith

«trennte die Wirtschaft von moralischen Zielsetzungen oder hielt die Produktion von Wohlstand für einen Wert an sich», vermerkt der Soziologe Bell.

Privates Eigentum schützen, solange der Eigentümer auf das Gemeinwohl achtet; den beschwerlichen Weg zu mehr Wirtschaftsdemokratie in Angriff nehmen; auf das Gleichgewicht von Kapital und Arbeit hinarbeiten; die Rolle des Gelds und damit auch die Geldmacht eindämmen – all dies bedeutet eine erhebliche Revision der heutigen politischen Ordnung. Der Umbau des Kapitalismus ist weniger ein wirtschaftliches als vielmehr ein politisches Unterfangen – ein aussichtsloses? Günstig ist die Gelegenheit, die Debatte zu führen. «Unsere Demokratien werden es nicht akzeptieren, dass die Profite der Banken privatisiert wurden, solange es gutging, und die Kosten jetzt sozialisiert werden», sagt einer, der es wissen muss: Mohamed El-Erian, Chef des weltweiten Fonds Pimco im Besitz des Versicherungsriesen Allianz.

Illusorisch ist die herrschende Vorstellung, die Finanz- und Wirtschaftskrise lasse sich mit einer geeigneten Finanz- und Wirtschaftspolitik meistern, das System an sich sei heil. «Die Reformen, die jetzt vorgeschlagen werden, sind eher dürftig. Das ist erstaunlich, wenn man bedenkt, wie grundlegend das System durch diese Krise erschüttert worden ist», sagt Peter Bofinger von der Universität Würzburg, lang der Außenseiter unter den «fünf Weisen» des Sachverständigenrats zur Begutachtung der gesamtwirtschaftlichen Entwicklung, der die deutsche Regierung berät. Doch nun finden kritische Stimmen mehr Gehör, weil die Krise die Mittelschicht als Stütze der Gesellschaft bedroht und der alte, neue Leitspruch der Finanzelite unverdrossen lautet: «Enrichissez-vous», bereichert euch!

Ist die globale Klasse lernfähig? Eine gestrauchelte «herrschende Macht» läutert sich, «wenn sie weise ist», notierte 1870 Jacob Burckhardt. Uneinsichtige Eliten könnten im Extremfall nämlich «eine Krisis des ganzen allgemeinen Zustands» bewirken. Binnen Wochen vollziehen sich dann «Entwicklungen, die sonst Jahrhunderte brauchen». Und bislang Undenkbares wird machbar.

FAZIT 5

Ein nachhaltiger Kapitalismus
- lenkt den Eigennutz auf soziale und ökologische Ziele statt allein auf das Gewinnziel;
- will kein Wachstum um jeden Preis;
- gründet darauf, dass Eigentum verpflichtet;
- demokratisiert beharrlich Wirtschaft und Volkswirtschaft.

WAS IST LIBERAL?

Weder Markt noch Staat, weder Regulierung noch Dere-
gulierung sind Allheilmittel – das ist der Erkenntnisge-
winn aus der Krise, und er lädt zum Differenzieren ein.
Nunmehr lassen sich Qualität und Quantität, Wirkun-
gen und Nebenwirkungen von Regulierungen undoktri-
när debattieren. Auch Deregulierungen sind nicht mehr
von vornherein gut oder übel. Der gewaltige Krach hat
fraglos akzeptierte Denkmuster erschüttert. Es kann keine
«fertigen Meinungen» mehr geben. Jetzt «gewinnt man die
Weisheit desjenigen zurück, der weiß, dass seine Regeln
irrtumsverdächtig sind», schreibt der Wirtschaftshistoriker Hansjörg Siegenthaler. Wir stecken in einer produktiven Ungewissheit.

Auf Dauer kann nur ein neuer Rahmen den Kapitalismus
vor den Kapitalisten retten. Bis die Politik jedoch fähig und
mutig genug ist, diesen Rahmen abzustecken, wird sie eine
Vielzahl behelfsmäßiger Minimaßnahmen treffen, die fürs
Erste durchaus helfen können. Keynes nannte solche großen Kleinigkeiten – halb abschätzig, halb anerkennend –
«pretty, polite techniques»: hübsche, höfliche Techniken.

Die Angelsachsen haben das «muddling through», das Sich-Durchwursteln zu einem Prinzip der Organisationslehre und darüber hinaus zur Tugend erhoben. Große Einheiten seien am besten zu steuern, wenn die Führung nach der Methode von Versuch und Irrtum viele klitzekleine, überschaubare und leicht zu revidierende Entscheidungen treffe. Politiker sollten «Stückwerk-Ingenieure» bleiben, forderte auch der Philosoph Karl Popper; eine Regierung müsse sich «davor hüten, Reformen von solcher Komplexität zu unternehmen, dass es ihr unmöglich wird zu wissen, was sie eigentlich tut». Gleichwohl brauchen die heutigen Kleinreformer – die hübschen, höflichen Techniker – eine Richtschnur. Sonst verlieren sie vor lauter pragmatischen Einzelmaßnahmen den Überblick. Selbst eine Politik des Sich-Durchwurstelns benötigt Leitlinien.

Zunächst ist zu klären, was ein staatlicher Eingriff in das Marktgeschehen ist und was nicht. Die Ultraliberalen haben hier Verwirrung gestiftet: Sie haben Regulation und Intervention gleichgesetzt und beide verdammt, obwohl es sich um zwei gegensätzliche Arten der Staatstätigkeit handelt.

Ändert der Staat die Spielregeln für Marktteilnehmer, interveniert er in keiner Weise in den freien Markt, sondern er bestimmt die Marktordnung. Das ist seit eh und je seine hoheitliche Kernaufgabe. Verbietet die Regierung den Handel mit zweifelhaften Wertpapieren oder fordert sie von den Banken hohe Eigenmittel, damit sie krisenfester werden, ist das nicht Etatismus, sondern im Gegenteil Liberalismus: Der Staat sorgt so für einen funktionierenden Markt. Wirksame Regulierung schafft Vertrauen. Leistet hingegen die deutsche Regierung Milliardenhilfen an die Immobilienbank Hypo Real Estate oder stellt die Europäische Zentralbank Abermilliarden Euro zur Verfügung, damit kein Institut in den Konkurs geht, ist das ein gewaltiger Eingriff in den Markt: Die behördliche Intervention ermöglicht es Marktteilnehmern, die versagt haben und ausscheiden müssten, am Markt zu bleiben. Das müsste jedem Liberalen widerstreben.

Paradox ist freilich, dass gerade die Finanzwelt heute den Etatismus schätzt, den Liberalismus fürchtet. Sie begrüßt staatliche Interventionen in die Märkte und bekämpft deren straffe Regulierung. Unter dem Druck der Banken verwässern denn auch die meisten westlichen Regierungen ihre Entwürfe für griffige Regeln, die neuerlichen Krisen vorbeugen würden. Dabei gilt: Je besser der Staat reguliert, desto weniger muss er intervenieren. Noch einmal: Eine sinnvolle Regulierung ist nicht Etatismus – sie verhindert Etatismus. Und so könnte sie aussehen.

Erstens müssen für Unternehmen, die Staatshilfe beanspruchen, künftig klare und einfache Regeln gelten.

- Arbeitet eine notleidende Firma mit einem Zustupf des Steuerzahlers, soll sie ihn umfassend informieren und sich – beispielsweise in öffentlichen Hearings – der Debatte mit Volksvertretern und Bürgern stellen. Sie schuldet der Öffentlichkeit Rechenschaft in besonders hohem Maß.

- Der Rückgriff auf den Staat muss für Aktionäre und Management unattraktiv werden. Sobald er einer Bank das verlorene «Eigenkapital zur Verfügung stellt, muss der Staat an die Stelle der Aktionäre treten», schreibt Hans Caspar von der Crone, Wirtschaftsjurist an der Universität Zürich und früherer Aufsichtsrat einer Privatbank. Die Enteignung der Aktionäre müsse «eine automatische, absehbare Konsequenz» sein: «Wer sein Geschäft als Eigentümer so führt oder führen lässt, dass er auf den Staat angewiesen ist, muss den staatlichen Eingriff akzeptieren. Der Staat seinerseits hat das Institut zu sanieren und zu reprivatisieren», wobei ein eventueller Sanierungsgewinn ihm zustehe, da er das Risiko übernommen habe, und «nicht den früheren Aktionären».

- Firmen, die der Staat niemals fallenlassen könnte, weil ihr Konkurs die Volkswirtschaft zerrütten würde, müssen offiziell und öffentlich für «systemrelevant» erklärt werden. Für ihre Bestandsgarantie – die ohnehin einen beachtlichen Konkurrenzvorteil darstellt – sollen sie dem Staat «Versicherungsgebühren» zahlen. Da eine hohe Rendite zwangsläufig mit hohen Risiken einhergeht, müssten die Versicherungsprämien steil ansteigen: Je wahrscheinlicher der Schaden, desto höher die Prämie. Oder dann müssen diese Firmen so gegliedert werden, dass man ihre nicht systemrelevanten Teile Konkurs gehen lassen kann.

Zweitens müssen Politiker darauf pochen, dass die Wirtschaftsführer jene Eigenverantwortung übernehmen, die viele mehr predigen als wahrnehmen.

- Elementar ist hierfür, dass Banken nur dann «strukturierte Produkte» verkaufen dürfen, wenn sie mindestens zehn Prozent davon im eigenen Bestand halten und damit das Risiko mittragen. Überdies sollten Banken und Fonds die Solidität der von ihnen veräußerten Wertpapiere selbst überprüfen müssen: Sie sollten haften, wenn sie ihren Kunden keine fundierte, schriftliche Risikoanalyse überreichen, sondern sich auf das Urteil unglaubwürdiger, nicht wirklich unabhängiger Rating-Agenturen verlassen.

- Zur Eigenverantwortung trüge auch bei, wenn der Geschäftsbericht großer Unternehmen eine ausführliche qualitative Einschätzung der Risiken durch das Management und die Stellungnahme des Aufsichts- oder Verwaltungsrats zu diesem Risikobericht enthalten müsste. Zudem könnte der Staat «Topmanager verpflichten, in ihren Arbeitsverträgen eine persönliche Haftpflicht für den Konkursfall zu übernehmen», empfiehlt Hans Würgler, der langjährige Leiter der Konjunkturforschungsstelle der Eidgenössischen Technischen Hochschule Zürich (ETH).

Drittens ist der Finanzsektor zu «erden», damit er nicht wieder abhebt. Das Bankwesen sei «der am stärksten zu regulierende Teil der Volkswirtschaft, weil er diese destabilisieren könne», sagt Beatrice Weder di Mauro, eine der fünf Weisen im Sachverständigenrat zur Begutachtung der gesamtwirtschaftlichen Entwicklung in der Bundesrepublik.

Das Weltwirtschaftsforum, das jedes Jahr in Davos tagt und in Genf beheimatet ist, hat eine Rangliste der «gesündesten Bankensysteme» aufgestellt. Spitzenreiter sind Kanada, Schweden und Australien, wo eine knallharte Bankenaufsicht keinerlei toxische Papiere duldete.

In den USA hingegen erzeugte das «Laissez-faire, laissez-aller» der Behörden eine Scheinblüte. Der Finanzsektor erzielte in den 1980er Jahren fünfzehn Prozent der Gewinne aller US-Unternehmen – bis zur Krise kletterte dieser Anteil auf mehr als vierzig Prozent. In derselben Vierteljahrhundertfrist stieg aber auch die Verschuldung der Banken und Fonds von zwanzig auf knapp hundertzwanzig Prozent des amerikanischen Volkseinkommens.

Als einer der Ersten sah William White den nahenden Kollaps. Der einstige Chefökonom der «Zentralbank der Zentralbanken», nämlich der Bank für Internationalen Zahlungsausgleich (BIZ) in Basel, stellt einen Vergleich an: «Nehmen Sie eine Brücke oder einen Fahrstuhl. Ingenieure überlegen sich alle Worst-Case-Szenarien und schauen, was passiert, wenn man diese auch noch um den Faktor 10 erhöht. Egal, was geschieht, ein Fahrstuhlkabel darf nie reißen. Das Finanzsystem ist nicht so gebaut. Wir brauchen aber Sicherungsmechanismen wie beim Fahrstuhl- oder Brückenbau.» (Ganz zu schweigen davon, dass es den Bauunternehmen, Fahrstuhlherstellern und anderen Industrien an Ingenieuren fehlt, wenn die Banken ihre

83

Mitarbeiter überbezahlen und Scharen junger Leute anlocken.)

Die Politik darf sich nicht damit begnügen, strenge Spielregeln für Kasinospieler aufzustellen – sie sollte vielmehr Teile des Kasinos schließen. Pervers ist etwa die verhängnisvolle Spekulation auf Grundnahrungsmittel, wenn Preisausschläge kurzfristig die Dauerhungersnot von Millionen Menschen verschärfen. Wo der Staat die Spekulation zulässt, kann er sie wenigstens verlangsamen: durch Abgaben auf jede Transaktion und mehrmonatige Haltefristen, bevor neuerworbene Vermögenswerte wieder veräußert werden dürfen. Klaus Gretschmann, Generaldirektor für Wirtschaft beim Europäischen Rat, formuliert das Ziel: «Finanzkapitalismus muss wieder zum dienenden Partner der Realwirtschaft werden.»

Angela Merkel empfiehlt der Industrie, «ihre Interessen gegenüber der Finanzbranche deutlich zu formulieren». Ein Finanzsystem ist kein Selbstzweck, es ist nur dann effizient, wenn es zum dauerhaften Gedeihen der Wirtschaft beiträgt.

Viertens soll der Staat dazu beitragen, dass Wirtschaftsführer und Aktionäre längerfristig optimieren statt kurzfristig maximieren. Das müsste damit beginnen, dass sich auch die Politik vom Wachstumsfetischismus verabschiedete. Wächst die Wirtschaft Jahr für Jahr um 1,4 Prozent, vervierfacht sich der Lebensstandard innerhalb eines Jahrhunderts; wächst sie um jährlich 2,1 Prozent, verachtfacht er sich. Absurd ist der Wettkampf westlicher Staaten und

Standorte um eine rasante Zunahme des Volkseinkommens. Ihr langfristiges Interesse wäre ein menschen- und umweltverträgliches Tempo, eine Verstetigung des Wirtschaftslebens. Dabei ließen sich alle Akteure in die Pflicht nehmen. Allen sind zumindest kleine oder manchmal auch große Kleinigkeiten zuzumuten:

- für die Unternehmen ein staatliches Verbot der Veröffentlichung von Quartalsberichten;

- für Bestverdiener die Begrenzung ihrer Einkünfte – großzügig genug – auf das Fünfzigfache des niedrigsten Gehalts im Unternehmen (statt des 720fachen beim Novartis-Präsidenten);

- für Manager Boni, die sich nach ihrer Durchschnittsleistung in den jeweils vergangenen fünf Jahren bemessen;

- für Aufsichtsräte und Controller ein Verbot jeglicher Gewinnbeteiligung, damit sie als Aufseher kein Interesse daran haben, um des Profits willen riskante Strategien und zweifelhafte Geschäfte zu billigen;

- für den Aktionär mehr Dividende und (wie in Frankreich) eine Verdoppelung der Stimmrechte, wenn er einem Unternehmen zwei Jahre treu bleibt;

- für die immer mächtiger werdenden Pensionskassen Vorschriften, ihre Milliarden nur in Unternehmen anzulegen, die alle Kriterien des Paktes zwischen den Vereinten Nationen und führenden Konzernen (Global Compact) erfüllen: Schutz der Menschenrechte, Schutz der Arbeitnehmer und ihrer Rechte, Umweltschutz und Entwicklung umweltfreundlicher Techniken, Kampf gegen Korruption.

Offenkundig sind solche und ähnliche Regeln, die durchaus im Rahmen der kapitalistischen Logik bleiben, heute noch keine Selbstverständlichkeiten. Sie würden den Kapitalismus nicht umkrempeln, jedoch zügeln. Zu einer Vertrauensgesellschaft tragen jetzt schon unzählige Firmen bei, die kein Aufsehen erregen und in den Medien kaum vorkommen: die KMU, die unzähligen kleinen und mittleren Unternehmen. Vor und in der Krise sind sie fast alle auf dem Boden der Tatsachen geblieben, reell und substantiell, manchmal in Familienhand, oft in festen Händen, was ihre Nachhaltigkeit fördert. KMU, die in vielen Ländern ohne jede Staatshilfe noch immer die meisten Arbeitsplätze schaffen, sind besonders glaubwürdig. Sie sind das Rückgrat mancher Volkswirtschaft – aber eben nicht der Weltwirtschaft.

Die Jahrzehnte der Globalisierung waren eine Zeit des vielfachen Wechsels

- von einer gewissen Stabilität zur hohen Volatilität der Märkte;
- von verlässlichen Bündnissen (etwa zwischen Allianz und Münchner Rück) hin zu Zweckkoalitionen auf Zeit;
- vom Streben nach sozialem Ausgleich zum Recht des Stärkeren;
- vom Interesse für das Unternehmen als dauerhafte Institution hin zum Personenkult um unstete Manager;
- von der Nähe zur Distanz: Die Hauptquartiere der «global players» rückten immer weiter weg vom Gegenstand ihrer Entscheidungen draußen in der Welt;

- von der langen zur kurzen Frist – das Quartalsergebnis wurde wichtiger als die Strategie.

Der Kapitalismus hat einerseits eine noch höhere Dynamik entfaltet und sich andererseits zusehends fragilisiert.

Vor der Krise galt: Wer sofort Erfolg hat, genießt sofort Vertrauen. Doch dieses Vertrauen ohne Vertrautheit schlägt jetzt in Angst um. Arbeitnehmer bangen um ihre Stelle. Lohnabhängige rechnen mit schwindender Kaufkraft. Arbeitslose werden schneller zum Sozialfall. Die Steuerzahler fürchten Steuererhöhungen. Die (künftigen) Rentner sorgen sich um ihre Pension. Die Beitragszahler zahlen höhere Krankenkassenbeiträge. Verantwortungsbewusste Eltern kalkulieren hohe Ausbildungskosten für die Kinder ein. Viele Anleger haben sich die Finger verbrannt. Eine verhältnismäßig kleine Schar von Jongleuren hat die Krise verursacht, aber es «haften die Gesellschaften insgesamt», schreibt der Kulturwissenschaftler Hartmut Böhme; die Verheißung der Moderne, «nämlich durch Erhöhung von Sicherheit Fortschritt zu stabilisieren, ist in Frage gestellt». Selbst der ultraliberale Wirtschaftsnobelpreisträger Edmund Phelps gesteht: «Ungewissheit verwirrt auch das beste System.»

Das beste System schafft es aber nicht einmal, jene großen Kleinigkeiten umzusetzen, die im Grunde große Selbstverständlichkeiten sind. Warum? Interessen sind stärker als Argumente. Und Argumente werden mehr Gewicht haben, wenn aus dem Ultra- und Neoliberalismus wieder ein Liberalismus ohne Beiwort wird. Niemand ist weniger ideologisch als der Liberale, weil er die Meinung der anderen so ernst nimmt wie die eigene und schon deshalb maßhält. Doch als der Liberalismus zum Neoliberalismus mutierte, wurde er doktrinär. Liberale sind Zweifler, Neoliberale aber pachten die Wahrheit und würden sie am liebsten privatisieren.

Ähnlich verhielt es sich in den Vereinigten Staaten mit den Neokonservativen, die in der Weltpolitik wie in der Wirtschaft scheiterten: Wo das Beiwort «Neo» auftaucht, sind oft Eiferer am Werk, ganz im Gegensatz zu jenen aufgeklärten Konservativen, die aus langer Tradition schöpfen und darum vieles überblicken. Auch den Liberalen liegt nichts ferner als Besessenheit. Liberal zu sein ist zunächst eine Haltung. Das Ende des Neoliberalismus als Ideologie ist eine Chance. Das Markenzeichen «liberal» kann sich neu durchsetzen, ohne «neo», kraftvoll, ohne «ultra». Zurück zu Adam Smith und seiner «Theorie der ethischen Gefühle», wonach Freiheit auf dem Mitgefühl und der Verantwortung für die Mitmenschen gründet. Vorwärts in die Richtung, die Amartya Sen weist: «Ökonomie ist in hohem Maße mit menschlichem Verhalten befasst, und das ist geprägt von unserem Sinn für Moral, Fairness und Gerechtigkeit. Daher ist unser moralisches Empfinden ein Gegenstand der Wirtschaft.» Kleine, große Sätze.

FAZIT 6

Ein liberaler Kapitalismus

- vermeidet es, in den Markt zu intervenieren, scheut sich aber nicht, ihn zu regulieren;

- erklärt Unternehmen, deren Konkurs die Volkswirtschaft zerrütten würde, für «systemrelevant» und erhebt Gebühren für die gewährte Staatsgarantie;

- schreckt Aktionäre notleidender Firmen davon ab, Staatshilfe zu beanspruchen, indem er sie bei Rettungsaktionen automatisch enteignet;

- setzt Anreize, um zur Eigenverantwortung und längerfristigen Ausrichtung aller Wirtschaftsakteure beizutragen.

WELTBILD –
MENSCHENBILD

Nichts ist intensiver als der Augenblick, in dem sich ein Mensch in einen anderen verliebt. Verliebtheit ist unökonomisch, der verliebte Mensch unternimmt Sinnloses, Zweckloses, Nutzloses, Hoffnungsloses. Er gibt alles, oft erhält er nichts. Er nährt Illusionen, die er selbst durchschaut. Sein Gefühlshaushalt ist durcheinander, seine Emotionen stehen in keinem Verhältnis zur Bedeutung des Umstands, dass nur wieder einmal zwei Menschen zueinanderfinden.

Gründet das Liebespaar eine Familie, betritt es erst recht das Feld des Unökonomischen. Kinder kosten Kraft und Zeit und Geld. In vielen Ländern, auch in Europa, sind kinderreiche Familien und Alleinerziehende dem größten Armutsrisiko ausgesetzt; der Staat vernachlässigt diejenigen, die für seine Zukunft sorgen – die Eltern. Früher hatte das Kinderhaben einen ökonomischen Sinn, jetzt nicht mehr.

Dessen ungeachtet ist die Kinderliebe der Eltern so bedingungslos wie die Elternliebe der Kinder. Beide beruhen nicht auf Geben und Nehmen. In der Mehrzahl der Familien gehorcht man im Umgang miteinander nicht dem Leis-

tungsprinzip, sondern dem Gefühl der Zusammengehö-
rigkeit. Hier erfährt ein Mensch auch dann Geborgenheit
und Anerkennung, wenn er gebrechlich oder krank wird
und im ökonomischen Sinn nicht mehr «funktioniert».

Nirgends herrscht mehr Vertrauen, nirgends fühlen wir
uns so aufgehoben wie in den Freiräumen, in denen die
Gesetze der Ökonomie nicht gelten. In der Freundschaft
zum Beispiel. Sie ist ein knappes Gut und eine unerschöpf-
liche Ressource. Die herkömmliche Wirtschaftswissenschaft hat Freunde gar nicht vorgesehen. Und oft ignoriert
sie die viel jüngere Verhaltensökonomie, die das tatsäch-
liche Benehmen der Menschen untersucht, statt zu unter-
stellen, sie wollten jederzeit ihren Nutzen maximieren.

Warum arbeiten Menschen gemeinnützig? Wieso setzt
ein Passant sein Leben aufs Spiel, um einen Ertrinkenden
zu retten? Weswegen gibt es viele Heldinnen und Hel-
den des Alltags, die mit Hingabe einen Behinderten be-
treuen, einem Hilfsbedürftigen beistehen? «Homo homini
lupus», der Mensch ist dem Menschen ein Wolf, diesen
berühmten Vers des römischen Komödienschreibers Plau-
tus griff 1642 der frühliberale Staatsdenker Thomas Hob-
bes auf, um ihn gleich zu relativieren: Es seien «beide
Sätze wahr: *Der Mensch ist ein Gott für den Menschen,* und:
Der Mensch ist ein Wolf für den Menschen.» Beim Angriff
eines fremden Staats müsse der friedfertigste Bürger zur
Selbsterhaltung «die kriegerischen Tugenden, die Gewalt
und die List, das heißt die Raubsucht der wilden Tiere zu
Hilfe nehmen». Im eigenen Gemeinwesen hingegen könne

sich der rechtschaffene Bürger «durch Gerechtigkeit und Liebe – die Tugenden des Friedens – der Ähnlichkeit mit Gott» nähern.

Der darwinsche Kampf ums Überleben hat die Spezies Mensch nicht nur auf Konkurrenz getrimmt, sondern auch auf Solidarität. Jedes Gemeinwesen hat abzuwägen, wo es auf Wettkampf und wo es auf Verständigung unter seinen Mitgliedern setzt. Die Hypothese, im Zweifel sei Konkurrenz «effizienter» als Kooperation, verkennt die urmenschliche Sehnsucht nach Gemeinschaft. «Zu nichts scheint uns die Natur so sehr bestimmt zu haben wie zur Geselligkeit», schrieb Michel de Montaigne. Der Einzelmensch bezieht seine Identität sowohl aus dem Selbstgefühl (ich bin ich) als aus dem Mitgefühl (ich könnte du sein) und dem Wir-Gefühl (ich gehöre dazu). Auch Liberale, die das Individuum in den Mittelpunkt rücken, müssen dieses Individuum als soziales Wesen begreifen. Es braucht gelingende Beziehungen zu seinen Mitmenschen wie die Luft zum Atmen; ohne Zuwendung und Zuneigung verdorrt es. Eine Überdosis an Wettbewerb hemmt viele begabte Leute, statt sie zu beflügeln. Unter einem ständigen Konkurrenzdruck entfalten sich nicht unbedingt die Fähigsten und die richtigen Fähigkeiten.

Unsere Denkprozesse seien «in überwältigendem Maße diffus, ziellos, zerstreut, versprengt», philosophiert George Steiner über das Denken: «Ökonomisch gesehen, haben wir es mit einer monströsen Vergeudung, einem ungeheuren Verlust zu tun. Keine andere menschliche Tätigkeit dürfte so verschwenderisch sein.» Die Neurobiologie und die Lebenserfahrung widerlegen das Konstrukt eines zweckrationalen *homo oeconomicus*, der in der Regel seinen eigenen Vorteil maximiert. Der Kapitalismus scheitert, wenn er sich zu sehr auf diesen *homo oeconomicus* – etwa auf den Bonus-Banker – stützt und ihn sogar heranzüchtet. Ungemach ist programmiert, wenn in der Hackordnung mancher Banken die selbstsüchtigsten Mitarbeiter als die besten gelten.

Die derzeitige Krise der Ökonomie ist eine Folge des Ökonomismus: jener Denkweise, die alles nach wirtschaftlichen Gesichtspunkten beurteilt und nur wirtschaftliche Kategorien anerkennt – bis zu dem Punkt, an dem selbst Sozialarbeiter den Hilfesuchenden als «Kunden» oder «Klienten» bezeichnen, um ihn aufzuwerten. Weitet sich die Marktwirtschaft zur allgegenwärtigen Marktgesellschaft aus, mutiert sogar die Fürsorge zu einer Geschäftsbeziehung. Die Gesellschaft verkommt so zum Anhängsel des Markts. Heute beherrscht der Markt die Gesellschaft, statt ihr zu dienen. Umso leichter geraten die Marktteilnehmer im Wortsinn «außer Rand und Band», sagt der St. Galler Wirtschaftsethiker Peter Ulrich. Es fehlt der «Rand», also der Sinn für die Grenzen des Vorteilsdenkens. Auch fehlt den Marktmächtigen das «Band», die Einbindung in die Gesellschaft; viele ignorieren elementare Voraussetzungen des Zusammenlebens: Anstand, Verantwortung, Solidarität und Gerechtigkeitssinn – in einem Wort Empathie.

In einer enthemmten und enthemmenden Wirtschaftsdoktrin liegt der tiefere Grund für die Katastrophe, die unzählige Menschen in Not stürzt. Der Markt ersetzte sowohl die Moral als auch die Politik. Da er aus Sicht der Ultraliberalen per Definition eine «moralische Anstalt» ist, durften die Marktteilnehmer mit gutem Gewissen unmoralisch handeln. Etliche taten es.

- Der Anstand verbietet vieles, was das Gesetz zulässt, doch sie fanden es honorig, bis an die Grenze des Legalen zu gehen, das (ohnehin verhasste) Recht auszureizen und Steuergesetze zu umgehen.

- Sie beförderten eine Management- und Machtkultur der «schnellen Entscheider», die «durchgreifen» und dafür das Lob der Medien ernten. Und dies, obwohl wir spätestens seit Max Weber und seiner «Verantwortungsethik» wissen, dass sich die Qualität einer Entscheidung daran bemisst, ob sie ernsthaft abgewogen und ob mögliche Folgen beachtet wurden.

- Den hier elementaren Begriff der Solidarität versuchte Margaret Thatcher zu entwerten, als sie 1987 in der Frauenzeitschrift *Women's Own* verkündete: «There is no such thing as society», so etwas wie die Gesellschaft gebe es nicht. Es bestehe lediglich «ein Wandteppich von Männern und Frauen. Die Schönheit dieses Wandteppichs und die Qualität unseres Lebens hängen davon ab, wie stark jeder von uns bereit ist, Eigenverantwortung zu übernehmen, und jeder von uns bereit ist, innezuhalten und aus eigener Kraft denen zu helfen, die unglücklich sind.» Die Premierministerin forderte zu individueller Barmherzigkeit auf; fremd war ihr die Vorstellung eines solidarischen Gemeinwesens, geschweige denn eines Sozialstaats. Und bald wurde gar das solidarische Individuum als «Gutmensch» verhöhnt.

- Ebenso zielstrebig war der Versuch, den Gerechtigkeitsbegriff auszurangieren. Mitte 2009, als die Arbeitslosigkeit emporzuschießen begann und sich manche Banker wieder Riesenboni gönnten, ließen das Institut der deutschen Wirtschaft und sein Schweizer Pendant das programmatische Buch *Abschied von der Gerechtigkeit* veröffentlichen. Dieser Begriff sei unbrauchbar geworden, schrieb in dem Sammelband der Historiker Paul Nolte, denn die Zeitgenossen verstünden darunter nur noch Umverteilung, Egalitarismus und Freiheitsvergessenheit. Es drohe eine «Nordkoreanisierung» der Gesellschaft. Hinter alledem stecke Harmoniesucht, Sozialromantik, Moralismus; offenbar sei Gerechtigkeit «kaum ein genuiner, eigenständiger Wert».

Auch die Politik verlor an Wert: Trifft der Markt vorgeblich die besseren Entscheidungen, sollen Politiker so wenig Politik wie möglich machen. Dabei schrieb selbst der Schöpfer des Worts «Neoliberalismus», Alexander Rüstow, Wirtschaft und Markt seien «der unterste aller Lebensbereiche, derjenige, dessen Aufgabe es ist, allen anderen sich unterzuordnen und zu dienen». Der Aberglaube, Wirtschaft sei «das wichtigste aller Lebensgebiete», müsse abgelegt werden, «um wieder zu einer gesunden, menschlichen Rangordnung der Werte und damit auch zu einer gesunden Einordnung und Ordnung der Wirtschaft selber zu kommen», forderte Rüstow 1949. Nur «abnormaler- und krankhafterweise» komme es vor, dass die Wirtschaft «an eine wesent-

lich höhere Stelle der Wertskala» rücke, namentlich wenn
sie versage. Doch das sei «ein Zustand, der zunächst einmal mit allen Mitteln beseitigt werden muss», um sich dem
wirklich Wichtigen zuzuwenden: der «Gestaltung des Lebens überhaupt in Gesellschaft, Staat und Menschheit».

Einen «freien Markt» kann es nicht geben. In Peter Ulrichs
Worten: «Es gibt gar kein von ethischen und politischen
Voraussetzungen ‹freies› marktwirtschaftliches System.»
Von Ernst-Wolfgang Böckenförde stammt das Diktum:
«Der freiheitliche (…) Staat lebt von Voraussetzungen, die
er selbst nicht garantieren kann.» Damit umschrieb er Mitte
der 1960er Jahre den Umstand, dass letztlich nicht der
Staat, sondern seine Bürger und deren Ethos für Freiheit,
Demokratie und Rechtsstaatlichkeit bürgen. Heute ergänzt
Wolfgang Schäuble, Nach- und Weiterdenker der CDU:
«Für die Soziale Marktwirtschaft gilt dasselbe wie für die
freiheitliche Demokratie, sie lebt von Voraussetzungen, die
sie selbst nicht zu schaffen vermag.» Der Markt kann an
skrupellosen Marktteilnehmern, der Kapitalismus an den
Kapitalisten scheitern. Es kommt nicht allein aufs richtige
System an, sondern auf seine Akteure. Und reguliert der
Markt sich selbst, gewähren sich viele dieser Akteure Nar-
renfreiheit. Selbstregulierung ist selbstzerstörerisch – der
Finanzmarkt *musste* implodieren.

Keine neue Erkenntnis, denn ein anderer Neoliberaler,
der vor den Nationalsozialisten nach Genf geflüchtete
Ökonom Wilhelm Röpke, schrieb schon 1958, ausschlagge-
bend sei die «außerökonomische, geistig-moralische und

gesellschaftliche» Verfassung eines Lands: «Markt, Wettbewerb und das Spiel von Angebot und Nachfrage erzeugen jene sittlichen Reserven nicht. Sie setzen sie voraus und verbrauchen sie. Sie müssen sie von den Bereichen jenseits des Markts beziehen.»

Der wohl größte Bewunderer des Unternehmertums war zugleich sein Untergangsprophet: Joseph Schumpeter. Der österreichische Ökonom sagte 1947 die «unvermeidliche Auflösung der kapitalistischen Gesellschaft» voraus. Der Kapitalismus habe «nicht nur Schranken niedergerissen, die seinen Fortschritt hemmten, sondern auch Strebepfeiler, die seinen Einsturz verhinderten». Fatal sei der Wechsel vom herkömmlichen Unternehmer, dem die Firma gehört und der persönlich haftet, zum Manager in «Angestelltenhaltung». «All die bezahlten Direktoren und Unterdirektoren» dächten an sich selbst, statt die Interessen der Aktionäre und des Unternehmens zu vertreten. Aber auch die vielen kleinen Aktionäre und Finanzinvestoren hielt Schumpeter für Pseudoeigentümer: Sie seien weder dem Unternehmen verbunden, noch seinem langfristigen Wohl verpflichtet.

Dies ist weniger ein moralisches Urteil als eine politische Analyse. Der Konzernkapitalismus neigt und treibt zu systematischer Verantwortungslosigkeit: Pseudoeigentümer haben keinen Grund, sich verantwortlich zu fühlen; auch fehlen ihnen die Legitimation und ein starker Antrieb, ungenierte Manager zur Ordnung zu rufen, bevor der Schaden da ist. «Was von uns gefordert ist, ist eine neue Ära der Verantwortlichkeit», beschwor Barack Obama die Amerikaner in seiner Inaugurationsrede am 20. Januar 2009. Der CDU-Wirtschaftspolitiker Norbert Röttgen bekräftigte: «Diese Krise ist durch Verantwortungslosigkeit entstanden, deshalb brauchen wir jetzt eine neue Verantwortungskultur.» Plötzlich wollen die Business Schools nicht länger den Managernachwuchs abrichten, sondern Persönlichkeiten bilden und Bürger mit einem republikanischen Wirtschaftsethos großziehen – nach dem Muster des 2009 von Harvard-Absolventen verfassten «Harvard-Eids»: «Als Manager ist es meine Aufgabe, der Gesellschaft zu dienen. Ich werde stets mit der größtmöglichen Integrität handeln und meine Arbeit in ethischer Weise verrichten.» Doch wo das System zu unverantwortlichem Gebaren regelrecht einlädt, werden moralische Appelle wenig bewirken. Auf die Systemreformen kommt es an.

Skrupellosigkeit und Verantwortungsbewusstsein, Gleichgültigkeit und Mitgefühl, Gier und Gerechtigkeitssinn, Menschenverachtung und Nächstenliebe, Eigennutz und Selbstlosigkeit: Ein Kapitalismus, der vorwiegend auf die dunkleren Seiten der menschlichen Natur setzt und diese dadurch verstärkt, wird immer äußerst anfällig sein.

Das moralische Empfinden schwand in der Zeit vor der Krise unaufhaltsam. Einen zusätzlichen Grund dafür nennt der Historiker Publius Cornelius Tacitus. Im Jahr 115 erstreckte sich das römische Reich auf drei Kontinente, schon damals gab es eine Art Globalisierung, deren Kritiker Tacitus war. Die über die halbe Welt verstreuten Römer nähmen immer weniger aufeinander Rücksicht, klagte er. Als Rom noch klein war, hätten sie sich eines korrekteren Umgangs befleißigt – «weil wir Bürger einer Stadt waren».

Je stärker sich Menschen zusammengehörig fühlen, desto bewusster befolgen sie Regeln des Zusammenlebens, erläutert heute der Psychoanalytiker und Ethnologe Mario Erdheim. Allerdings verstehen sich die wenigsten Einwohner des globalen Dorfs als Mitglieder einer Solidargemeinschaft. Nur eine winzige, wiewohl wachsende Minderheit empfindet, sie sei den Dorfnachbarn verpflichtet; dazu gehören gemeinnützige und gewinnorientierte «social entrepreneurs» (Sozialunternehmer) und die neue «engagierte Generation», wie Soziologen einen Teil der jüngeren, leistungswilligen und altruistischen Jahrgänge benennen. Die Globalisierung hat zum einen den vom Theologen Hans Küng vertretenen Gedanken eines solidarischen Weltethos hervorgebracht, zum anderen aber das Bewusstsein unerbittlicher Konkurrenz geschärft: Wettbewerb auf den Märkten und Wettstreit der Werte bis hin zum «Kampf der Kulturen». Stärker als die Einsicht, Politik müsse global koordiniert werden, ist der Reflex, nationale Interessen mit harten Bandagen durchzusetzen. In den Worten von Immanuel Kant ist es noch lange nicht so weit, «dass die Rechtsverletzung an einem Platz der Erde an allen gefühlt wird». Der Philosoph nährte die Hoffnung, «entfernte Weltteile» würden sich verständigen und «das menschliche Geschlecht einer weltbürgerlichen Verfassung immer näher bringen». Wenn aber am Ende des 20. Jahrhunderts Margaret Thatcher das Vorhandensein schon einer (nationalen) Gesellschaft leugnen konnte, hat es die Idee einer Weltgesellschaft noch schwerer.

In der ersten Phase der Globalisierung waren Konzerne die treibende Kraft. Die nüchterne Aggressivität und der Expansionsdrang des Kapitalismus überwogen. Jetzt beginnt die «zweite Globalisierung». Große Staaten und Staatengruppen versuchen, das Heft in die Hand zu nehmen und ihre Politik abzustimmen.

- Einerseits sind sie dazu gezwungen. Seit das Kapital beweglich wurde, häufen sich Banken-, Währungs- und Schuldenkrisen. Die lateinamerikanische Krise der 1980er Jahre, Mexiko 1994, Indonesien und die Tiger-Staaten 1997, Russland 1998, Brasilien 1999, Türkei 2001, Argentinien 2002, Island 2008, Ungarn und Lettland 2009 – wird ein Land zahlungsunfähig, ist fast jedes Mal die internationale Gemeinschaft gefordert. Letztlich stellt dies die Ideologie eines allzeit segensreichen, weltweiten Standortwettbewerbs in Frage: Anders als ein bankrotter Konzern verschwindet ein strudelnder Staat ganz und gar nicht von der Bildfläche, er wird zu einem Herd der politischen und wirtschaftlichen Instabilität. Die Sieger haben deshalb keine andere Wahl, als dem Wettbewerbsverlierer zu helfen.
- Andererseits dauert die Rivalität unter den Nationalstaaten fort: Jede neue Marktordnung ist eine neue Weltordnung, sie spiegelt eine Verschiebung der Machtverhältnisse – und ist Ergebnis eines Machtkampfs. Von

einer Änderung der Regeln profitieren die einen, andere ziehen den Kürzeren. Initiativen, die der globalen Wirtschaft auch nur ansatzweise den benötigten globalen Rahmen zu setzen versuchen, werden deshalb immer wieder versanden oder bestenfalls in einen Kuhhandel münden, dessen Ergebnis hinter den Erwartungen zurückbleibt. «Die Ungleichzeitigkeit der ökonomischen und politischen Entwicklung ist ein unbedingtes Gesetz des Kapitalismus», schrieb Lenin.

Krass ist die Diskrepanz zwischen globaler Realität und nationaler Mentalität. Erst wenn im Lauf vieler Jahrzehnte die Bewohner des von Krisen geschüttelten globalen Dorfs hautnah ihre Schicksalsgemeinschaft erleben, können sie ihr Schicksal und eine Weltwirtschaftsgemeinschaft gestalten. So wie die leidgeprüften Europäer 1957 die Europäische Wirtschaftsgemeinschaft (EWG) errichteten, die dann 1965 zur EG (Europäische Gemeinschaft) und 1993 zur EU (Europäische Union) gedieh. «Die G-20 sind eine vage Vorahnung dessen, was wir brauchen», sagt der frühere Vizekanzler und Obmann der Österreichischen Volkspartei, Erhard Busek.

Was tun? Eine Weltwirtschaftspolitik, die verheerenden Finanzkrisen vorbeugt und die Chancen aller auf ein menschenwürdiges Leben erhöht, ist ein mühseliges Unterfangen. Maßnahmen werden nur dann durchzusetzen sein und auch greifen, wenn alle Volkswirtschaften mitspielen. Dazu müssten sie ihr kurzfristiges Vorteilsdenken hintanstellen: Ohne Ethos keine stabile Weltordnung – keine Weltinnen- und Weltwirtschaftspolitik auf der Höhe des kommenden, kooperativen Zeitalters, das anspruchsvoller wird als die bequeme Epoche des Laissez-faire. Nehmen wir Abschied von einer ruinösen «Erfolgskultur» (so der Soziologe Sighard Neckel), die auf Vertrauensverlust, Werteschwund, Demokratieverschleiß, Raubbau an natürlichen Ressourcen und Instabilität hinausläuft?

Alle Vorschläge, gemeinsam den Weltmarkt zu ordnen, lagen lange vor dem Krach auf dem Tisch.

Erstens: «Um die Vorherrschaft der Spekulation abzuschwächen», empfahl Keynes bereits 1936 eine Besteuerung finanzieller Transaktionen. Und 1972 schlug der amerikanische Ökonom James Tobin eine Steuer auf alle internationalen Devisengeschäfte vor – die Tobin-Steuer. Jüngst noch galt sie als spleenige Idee von Globalisierungskritikern. Inzwischen erwägen sie Angela Merkel und der Vorsitzende der britischen Finanzmarktaufsicht (Financial Services Authority), Lord Turner. Der frühere Bankier will damit notfalls den «aufgedunsenen» Finanzsektor gesundschrumpfen. Sollte jedoch die Tobin-Steuer nicht durchzusetzen sein, wird die Rückkehr zu Beschränkungen des freien Kapitalverkehrs unvermeidlich werden – beispielsweise wenn übermäßig viel spekulatives Geld in ein bestimmtes Land schnellt und sich eine Blase abzeichnet.

Zweitens: Auf mittlere Sicht taugt der – ohnehin angeschlagene – Dollar nicht mehr zur internationalen Leitwährung.

Er sollte durch einen Währungskorb oder eine Kunstwährung wie den von Keynes in den 1940er Jahren erdachten «Bancor» ersetzt werden. Eine von der UN-Organisation für Handel und Entwicklung Unctad vorgeschlagene «Global Reserve Bank» (oder ein erneuerter Internationaler Währungsfonds) würde als Weltzentralbank dieses internationale Geld verwalten und für stabilere Wechselkurse sorgen. Die Bereitschaft, die Weltwährung Dollar zu «entnationalisieren», sie in eine supranationale Währung einzubringen, erfordert vom amerikanischen Präsidenten die Weitsicht etwa eines Bundeskanzlers Helmut Kohl, der in den 1990er Jahren die stolze D-Mark zugunsten der europäischen Währung «preisgab» und der Bundesrepublik wie der Europäischen Union damit einen epochalen Dienst erwies.

Drittens: Bedingung für einen fairen Welthandel wäre, dass die übermächtigen Volkswirtschaften des Nordens ihre politische Macht und ihre Marktmacht gegenüber dem Süden nicht voll ausspielen. «Eine einzige Reform würde die Ungerechtigkeiten beseitigen: Die Wohlstandsländer sollten den ärmeren Ländern ihre Märkte öffnen, ohne von diesen das Gleiche zu verlangen. Länder mit mittlerem Einkommen sollten ihre Märkte für die am wenigsten entwickelten Länder öffnen», schrieb 2006 der Nobelpreisträger und konstruktive Globalisierungskritiker Joseph E. Stiglitz.

Viertens: Alles Internationale ist national. Ein «Exportwelt-meister» wie Deutschland wird seiner Verantwortung für eine ausgewogene Weltwirtschaft nur gerecht, wenn er bei aller Auslandsnachfrage nach deutschen Produkten künftig auch zu Hause für eine starke Nachfrage nach ausländischen Produkten sorgt – damit den hohen Ausfuhren hohe Einfuhren entsprechen. Wenn in der Bundesrepublik immerzu Lohnmäßigung angesagt ist und die Kaufkraft jahrelang stagniert, mehrt das zwar dank stabiler Herstellungskosten die Exportkraft und die Überschüsse im Außenhandel. Das mag der Bundesrepublik sehr kurzfristig nützen, aber es schadet langfristig der Weltwirtschaft – weil gleichzeitig das Defizit im Außenhandel anderer Länder unaufhaltsam anschwillt. In dem Maß, in dem Deutschland produktiver wird, muss die Kaufkraft der Deutschen steigen und eine Mehrnachfrage auf dem deutschen Markt wie auf dem Weltmarkt hervorrufen. Ähnliches gilt für Länder wie Japan, die Niederlande oder die Schweiz, deren Exportindustrie gleichfalls floriert.

Vor über zehn Jahren schrieb John Gray von der London School of Economics (einst ein Vordenker von Margaret Thatcher, der sich zum Kritiker des Ultraliberalismus wandelte): «Die Geschichte gibt wenig Anlass zur Hoffnung, dass sich das weltweite Laissez-faire leicht reformieren lässt. Immerhin haben sich die westlichen Regierungen erst nach den Katastrophen der Weltwirtschaftskrise und des Zweiten Weltkriegs aus dem Griff älterer Orthodoxien des freien Markts befreit. Unwahrscheinlich also, dass man gangbare Alternativen zum Laissez-faire findet, bevor es nicht erneut zu einer Wirtschaftskrise kommt. Diese allerdings wird dann wesentlich gravierender sein als alles, was wir bislang erlebt haben.»

Der Verteilungskampf um knappe Energiereserven verhärtet sich, der Klimawandel dürfte Hungersnöte und Seuchen, Völkerwanderungen und Konflikte nach sich ziehen. Da wäre «Krieg nicht die Ultima Ratio, sondern die Ultima Irratio», wie Willy Brandt 1971 in seiner Friedensnobelpreisrede sagte: «Ich begreife eine Politik für den Frieden als wahre Realpolitik dieser Epoche. Konzepte einer kooperativen Weltwirtschaftsordnung sind in ihrem Kern vorweggenommene Stabilitäts- und Friedenspläne.»

In einer komplexen Welt sind solche Pläne von einer Komplexität, die an Politiker höchste Ansprüche stellt. Das zeigt sich am Beispiel der Klimapolitik. Ihr klassischer Ansatz ist der sogenannte Emissionsrechtehandel (nämlich der Kauf und Verkauf von Rechten, CO_2 zu emittieren, auszustoßen).

Im Idealfall einigen sich eines Tages sämtliche Staaten der Erde auf eine Höchstgrenze für den weltweiten jährlichen Ausstoß des Treibhausgases Kohlendioxid (CO_2). Einigermaßen fair und politisch durchsetzbar wäre es, wenn jeder Mensch die gleiche Menge CO_2 verursachen dürfte. Teilt man die vereinbarte CO_2-Menge durch die Weltbevölkerungszahl, erhält jeder Erdenbürger das Recht, eine bestimmte Menge CO_2 freizusetzen. Dieses «Emissionsrecht» wird in einem verkäuflichen «Klimaschutz-brief» festgeschrieben. Jeder Staat bekommt so viele Briefe, wie er Einwohner hat. So erhalten Entwicklungsländer, die in der Regel wenig produzieren und deshalb wenig CO_2 ausstoßen, weit mehr Klimaschutzbriefe, als sie brauchen. Ihre überzähligen Briefe verkaufen sie den Industrieländern, die mehr CO_2 ausstoßen, als sie gemäß Vereinbarung dürfen. Die UNO wickelt den Handel ab und wacht darüber, dass die Entwicklungsländer den Erlös aus dem Verkauf ihrer Klimaschutzbriefe in Produkte und Verfahren zur CO_2-Minderung investieren oder in Infrastrukturen für den Schutz vor Klimakatastrophen, beispielsweise Dämme.

Solche oder ähnliche, vieldiskutierte und im kleineren Maßstab erprobte Systeme sind schon komplex genug. Aber die Schwierigkeiten fangen erst an.

- Erstens gibt es sofort Gewinner und Verlierer. Nur ein Beispiel: Einem Flächenstaat mit langen Transportwegen fällt es schwerer als einem Kleinstaat, den CO_2-Ausstoß zu verringern. Es muss daher für teures Geld Klimaschutzbriefe erwerben. Voraussichtliche Verlierer werden sich kaum auf ein solches System einlassen.

- Zweitens gibt dieses System den Industrieländern keinen starken Anreiz, zu Hause in den Klimaschutz zu investieren, auch wenn sie zu den schlimmsten Produzenten von Treibhausgas zählen. Sie kommen besser weg, wenn sie stattdessen mit dem Kauf von Briefen den Klimaschutz in Entwicklungsländern mitfinanzieren: Dort ist Klimaschutz billiger; mit wenig Geld lässt sich viel CO_2-Ausstoß vermeiden, etwa indem man eine rückständige Fabrik – eine «Dreckschleuder» – schließt.

- Drittens bedingt Klimaschutz strengere Normen bei der Produktion und beim Verbrauch von Energie, die sich damit tendenziell verteuert. Wird deswegen Energie gespart, ist das willkommen, aber es bewirkt in mancher Volkswirtschaft einen massiven Strukturwandel. Energiehungrige Branchen geraten in Not, Werke schließen, soziale Unruhen brechen aus.
- Viertens mag durch das allgemeine Energiesparen der Ölpreis wieder sinken. Die Diktaturen in den Erdölstaaten könnten deshalb die Fördermengen massiv hochfahren, um wenigstens ihren Marktanteil zu halten und ihre Einkünfte zu stabilisieren, denn sie brauchen Geld, um ihre Untertanen zufriedenzustellen und ruhig zu halten.

Solche Gedankenspiele zeigen, wie naiv es wäre, sich allein auf den Handel mit Klimaschutzbriefen und steigende Ölpreise zu verlassen, um die Erderwärmung zu dämpfen. Der Ökonom Claus Noé warnte davor, «von der Versöhnung von Marktwirtschaft und Grünem zu fabulieren, als ob ein auf Akkumulation und Wachstum gedoptes Wirtschaftssystem Nachhaltigkeit und Schonung der Ressourcen gewährleisten könnte». Man dürfe nicht die Menschheit mit dem Versprechen einer grünen Marktwirtschaft einschläfern. Beim Klimaschutz versagt der Markt.

Solange die Luft keinen Preis hat, obwohl sie immer wertvoller wird, haben wir eine Pseudomarktwirtschaft. Unterlässt es die unsichtbare Hand des Markts, die Luft (und andere kostenlose natürliche Ressourcen) mit einem Preis zu versehen, sollte die öffentliche Hand den Preis bestimmen: die weltöffentliche Hand, die Staatengemeinschaft. «Wer die Erderwärmung bremsen will, muss eine Macht ins Spiel bringen, die verbieten und gebieten, autonom Preise setzen, Abgaben verlangen kann», schrieb Noé. Kommt die Weltklimabank? Kommen Strafzölle auf Einfuhren aus Ländern, die den Klimaschutz vernachlässigen und dadurch billiger produzieren?

Die Angst der Erdenbürger vor der Erderwärmung könne die «gemeinschaftsbildenden Werte der Mitmenschlichkeit und der Solidarität wiederbeleben, je spürbarer die Bedrohung wird. Es ist Aufgabe politischer Führung, diese Werte jetzt zu fördern und zu fordern», fuhr Noé fort.

Globalisierung wird für viele Menschen weniger brutal, wenn die Preise für Energie und Transport die Umweltkosten einschließen und sich verteuern. Die Absurdität, japanisches Bier in Deutschland einzuführen oder neuseeländisches Lammfleisch in die Schweizer Berge zu verfrachten, lohnt sich dann nicht mehr. Regionale Produzenten haben eine bessere Chance, den Regionalmarkt zu beliefern. Globalisierung entfaltet sich nur noch dort, wo sie echten Mehrwert schafft.

Verknappen sich in einer zügellosen Globalisierung die Lebensgrundlagen, stößt der Kapitalismus an Grenzen: Der Kampf um natürliche Ressourcen kann entweder in

Kriege oder aber in Kooperation umschlagen. Der Wettbewerb artet aus, oder er wird aufgehoben. Weder das eine noch das andere ist Marktwirtschaft. Ausgerechnet die Globalisierung stellt den Kapitalismus in Frage:

- Der Markt braucht einen Rahmen, doch in der Globalisierung wurde der Markt selbst zum Rahmen.

- Der Kapitalismus gründet auf dem privaten Eigentum, doch viele globale Konzerne gehören ihren Pseudoeigentümern und sind eigengesetzlich geworden.

- Die globale Klasse zahlt immer weniger Steuern, doch schöpft sie in Krisen die Staatskasse ab.

- Es tobt der internationale Standortwettbewerb, der jedoch die Weltwirtschaft aus dem Lot bringt, weil sich bei den Verlierern die Defizite häufen.

- Globalisierung beschleunigt das Wachstum, das die natürlichen Ressourcen erschöpft.

- Weltwirtschaft muss zur Umweltwirtschaft werden, doch die ökologischen Kosten sind in den Marktpreisen nicht enthalten, der Markt zeigt falsche Preise an.

- Dieser Markt ist Inbegriff des Wettbewerbs, doch erfordert eine stabile Weltwirtschaftsordnung mehr und mehr Kooperation.

Bei so vielen Widersprüchen kann der globale Kapitalismus gar nicht anders, als anders zu werden.

FAZIT 7

Im globalen Kapitalismus

- wird Kooperation so wichtig wie Konkurrenz;

- hängen Frieden und eine stabile Weltwirtschaftsordnung von der politischen Weitsicht und ethischen Einsicht in die Notwendigkeit eines Ausgleichs der Interessen zwischen Nord und Süd ab;

- muss die Staatengemeinschaft lebensnotwendige Ressourcen mit einem Preis versehen;

- sind eine Weltwirtschafts- und Weltwährungspolitik unerlässlich.

MARKTWIRTSCHAFT
GESTALTEN

Der herkömmliche Kapitalismus privilegiert Eigennutz, Kapital, Markt und Wachstum, obwohl Gemeinsinn, Arbeit, Staat und Nachhaltigkeit ebenso wichtig sind. Doch kraft seiner starken Leistungen und Verlockungen zieht dieses Wirtschaftssystem die Menschen in seinen Bann. Seine Mythen sind die Marken. Insofern Kapitalismus eine Weltreligion ist, treibt er nicht nur den Kult des Zweckmäßigen, sondern auch den der Weltmarken, die Milliarden Verbraucher faszinieren. Wahrzeichen der Kultmarke Apple ist Adams angebissener Apfel. Die antike Siegesgöttin verleiht den Nike-Schuhen ihren Namen. Nintendo, wie die Spielkonsolen aus Japan heißen, bedeutet «lege das Glück in die Hände des Himmels».

Vor einem Jahrhundert schrieb Max Weber: «Die kapitalistische Wirtschaftsordnung ist ein ungeheurer Kosmos, in den der einzelne hineingeboren wird und der für ihn, wenigstens als einzelnen, als faktisch unabänderliches Gehäuse, in dem er zu leben hat, gegeben ist.» Jedem Menschen am Markt zwinge der Kapitalismus seine Normen auf: «Der Fabrikant, welcher diesen Normen dauernd entgegenhandelt, wird ökonomisch ebenso unfehlbar elimi-

111

niert wie der Arbeiter, der sich ihnen nicht anpassen kann oder will, als Arbeitsloser auf die Straße gesetzt wird.»

Der irdische Kapitalismus kann die letzte Sicherheit nicht bieten, im Gegenteil. Die eiserne Faust des Markts trifft jetzt viele, die die Norm einhalten. «Wirtschaftskrisen sind keine göttlichen Strafen für unsere Sünden, keine Leiden, die das Schicksal auferlegt», tröstet der Wirtschaftsnobelpreisträger Paul Krugman. Doch das Heft selbst in die Hand zu nehmen, Marktwirtschaft zu gestalten, statt zu erdulden – für Ultraliberale ist das Hybris. Sie warnen vor dem «Wahn der Machbarkeit». Den Kapitalismus, der den Menschen formt, darf der Mensch nicht formen?

Das System lebt von der Eigeninitiative und wird überleben, wenn es Initiativen zu seiner Erneuerung ernst nimmt. Eine ausgewogene, stabile, nachhaltige, nüchterne, demokratische, liberale und globale Wirtschaftsordnung ist der Mühe wert. Man nennt sie ökosoziale Marktwirtschaft.